노베이스
직장인 공시생

1년 6개월 만에
공무원 합격하다

KB076375

노베이스
직장인 공시생

1년 6개월 만에

공무원 합격하다

공터뷰
김미소 지음

공무원 인터뷰 채널 '공터뷰'가 알려주는 합격 노하우

Booksgo

지금 이 순간, 시작할 수 있는 용기가 필요하다

이 책을 펼친 당신은 왜 공무원이 되고자 하는가?

공무원이 되고자 하는 데에는 그 사연과 동기가 모두 다를 것이다. 내가 공무원이 되려 했던 이유는 간단하지만 뚜렷했다.

삶에 대한 진지한 고민 없이 놀기 바빴던 10대 시절을 지나 성적에 맞춰 집에서 가까운 전문대학에 진학해 여전히 놀기 바쁜 20대의 하루하루를 보냈다. 미래에 대한 걱정은 나중에 해도 늦지 않다고 생각했다.

그러나 인생에 공짜는 없었다. 전공과목 자격증 덕분에 가까스로 중소기업에 입사했지만 출퇴근을 위해서는 30분 동안 버스를 타고, 40분 동안 지하철을 달린 후, 회사 통근차를 타고 20분을 더 가야 했다. 빠르게 바뀌는 창밖 풍경을 보며 문득 미래를 그려보았다.

도무지 미래가 그려지지 않았다. 매일 보는 출근길 위로 표정 없는 내 얼굴이 차창에 비춰졌다. 사는 것이 이렇게 어려운 것인지, 그제야 안일하게 살아온 내 모습을 반성하게 되었고 답답하고 막막한 현실에 한숨만 쉬어졌다. 삶을 바꿔야만 했다.

더 잘 살고 싶었다. 그저 시간이 흘러가기 때문에 살아내는 삶이 아니라 내가 만족할 수 있는 삶을 살고 싶었다. 그러기 위해서는 지금 안주하고 있는 생활에서 무언가 변화해야만 했다.

고민 끝에 '직업의 변화'가 내 삶을 다른 모양으로 바꿔줄 수 있을 것 같았다. 돌이켜보면 그때가 내게 찾아온 한 번의 기회였던 듯하다. 그리고 나는 내게 다가온 기회를 잡았다.

'안정적이어서', '공무원이니까'라는 동기로 공무원에 도전할 수도 있다. 그러나 공시생을 시작하기 전에 진심으로 공무원을 하고 싶은지 물어보기를 바란다. 자발적인 동기가 없이는 험난한 공무원 시험을 끝까지 해내기 어렵다.

실제로 나는 '이러한 공부법으로 이렇게 스케줄 관리를 하여 1년 6개월 만에 합격했다!'라고 미리 합격 수기를 작성했다. 그렇다보니 해내야겠다는 의지와 동기부여는 물론 계획한 대로 해야겠다는 마음가짐 또한 단단해졌다.

이 책을 쓰기까지 많은 고민이 있었다. 나의 수험생활이 과연 공시생들에게, 삶의 변화를 꿈꾸는 누군가에게 도움이 될 수 있을까 싶었다. 그러나 집필을 결심하게 된 이유이자 책을 시작하기에 앞서 전하고 싶은 메시지가 있었다.

"지금 행동하지 않으면 아무것도 바뀌지 않는다. 시작할 수 있는 용기가 필요하다."

직장을 다니다 회의감을 느껴 공무원에 도전하는 사람들이 많다. 나 역시 그러한 케이스에 해당한다. 모두가 좋은 결과를 얻으면 좋겠지만 그중에 여럿은 불합격의 고배를 마신다.

　그렇다고 해서 미리 겁을 먹고 포기하라는 말은 아니다. 나는 영어와 전혀 친하지 않았고, 학창시절에도 노래방, 카페, 놀거리에 열중했던 노베이스 공시생이었다. 그럼에도 지금 공무원이 되어 이 책을 여러분에게 선보이게 되었으니, 미리 겁을 먹기보다는 충분히 고민 후에 굳은 결심이 섰다면 지체하지 말고 용기를 내어 변화의 기회를 잡으라는 말을 해주고 싶었다.

　노베이스도 합격할 수 있다는 위로와 응원, 그리고 직장인 공시생과 전업 공시생을 모두 겪은 나로서 나름의 공부법과 시간 관리, 팁 등을 빠짐없이 담아내고자 하였다.

　나의 이야기가 곧 정답은 아니다. 하지만 공무원 도전을 결심한 노베이스 공시생과 직장인 공시생, 더 나은 미래를 꿈꾸는 사람들에게 시행착오를 줄이고 조금이나마 성공의 지름길로 가는 데 도움이 될 수 있기를 기원한다.

김미소

3장
내일을 위한 오늘을 계획하다

4장

노베이스도 충분히 할 수 있다

최종 합격을 위한 면접 전략

공터뷰가 만난 사람들 ④

5장

흔들릴수록 단단해지는 멘탈을 만든다

꿈을 이루고
또 다른 꿈을 꾸다

1장

당신이 지금
하고 싶은 것

공부에 관심 없던
고3

대학 입시를 위해 눈에 불을 켜고 공부하던 친구들과 달리 공부에 관심이 없었다. 공부를 못해서 관심이 없었고, 관심이 없었기에 공부를 못했다. 학생의 본분은 공부라는데, 그렇게 따지면 나는 학창시절, 학생의 본분을 다하지 않았다.

10대의 나는 매주 시간표에 맞게 흘러가는 수업을 들으며 생각했다.

'공부를 왜 해야 하는데?'

열심히 수업 중인 선생님의 말소리를 뒤로하고 멍하니 운동장을 바라보며 시간을 보냈다. 그사이 선생님의 말속에 이번 기말고사 시험 문제가 지나가는 줄도 모르고.

서른을 넘긴 지금, 그때를 돌이켜보면 왜 더 치열하게 공부하지 않았는지 '조금'은 후회가 된다. 조금이라는 말을 덧붙인 이유는, 막상 타임머신을 타고 고등학교 시절로 돌아간다고 해도 다른 친구들처럼 치열하게 공부할 것 같지는 않기 때문이다. 그때로 돌아가면 어떨까 잠시 상상하니 웃음이 난다.

고등학교 1학년 때 친한 친구들 7명과 함께 쉬는 시간마다 1층에 내려가 수다를 떨며 시간을 보냈다.

그렇게 시간을 보내다 2학년이 될 무렵 문과 혹은 이과를 선택해야 하는 시기가 됐다. 나는 한국사 때문에 이과를 선택했다. 전체적인 흐름을 파악해야 하는 한국사 과목이 어렵게 느껴졌다. 오히려 공식을 적용할 수 있는 수학, 화학 과목이 더 흥미로웠다.

고등학교 2학년 때도 친한 친구들과 놀기에 바빴다. 심지어 중간, 기말고사 기간에도 드라마를 봤고, 시험 당일 아침에는 교과서를 보며 마지막으로 배웠던 내용을 정리하는 것이 아니라 친구들과 전날 보았던 드라마 이야기를 나누느라 바빴다.

열심히 공부했던 기억은 없지만 선생님 말씀은 잘 듣는 착실한 학생이었다.

저녁 시간만 되면 공부에 집중하기가 어려웠다. 학교가 답답해서일까 싶어 선생님께 말씀을 드리고 집에 가서 공부를 했다. 하지만 장소의 문제가 아니었다. 공부에 목적이 없다보니 아무도 간섭하지 않고 내 스스로 공부해야 하는 야간자율학습 시간이 버티기 힘들었던 것이다.

그렇게 아무런 준비도 하지 않은 채 고3이라는, 그것도 대한민국의 고등학교 3학년이 되었다. 친구들 중에는 이미 고등학교 1학년 때부터 진로를 정해 전략적으로 입시 준비를 하는 친구도 있었고, 진로를 정하지는 못했지만 상위권 대학에 진학하기 위해 열심히 공부하는 친구도 있었다.

그러나 그때까지도 내 관심사는 대학 진학이 아닌 노래방에 가거나 카페에 가서 시간을 보내는 것이었다. 대학 입시를 코앞에 두고 있었지만 모의고사를 보는 날에도 긴장감보다는 일찍 하교한다는 사실에 기뻤다. 딱히 가고 싶은 대학을 정해두지도 않았고, 그렇다보니 목표한 점수도 없었다.

익히 알다시피 고등학교 3학년 교실 풍경은 분주하다. 자신의 성적에 맞게 여러 대학과 입시 전형을 비교하고, 고등학교 3학년의 큰 이벤트인 수능이 임박할수록 미묘한 긴장감이 감돈다. 그러다 마침내 수능 당일이 되면 그 복잡 미묘한 긴장감은 곧 터질 듯한 풍선처럼 극에 달한다.

막연히 성적에 맞게 대학을 가야겠다고 생각했다. 그래도 내신 성적은 중간 정도 해서인지 담임선생님께서 수시 전형을 응시해보는 것이 어떻겠느냐고 권유하셨다.
안타깝게도 수시 전형으로 넣은 세 곳의 대학 모두 불합격이었다. 지금 생각해보면 대학에 꼭 합격해야겠다는 간절한 마음이나 목표, 전략 없이 무턱대고 수시를 치른 것이 문제였다.

수능날 아침, 수험생 자녀를 둔 부모님은 저마다 아들딸이 고사장에 들어갈 때까지 교문 앞을 떠나지 못했고, 고등학교 1, 2학년 후배들은 선배들의 수능 대박을 위해 아침 일찍 현수막을 들고 응원을 와 있기도 했다.

그리고 수능이 끝나자마자 인터넷에는 수능 등급 컷이 실시간 검색어에 올랐다. 시험 평균 점수가 낮았으면 좋겠다 바라기도 했지만, 얼마 가지 않아 그런 마음을 내려놓았다. 열심히 공부하지도 않고 이제 와서 조금이라도 나은 점수를 받기를 바라는 것 자체가 욕심이었다.

수능을 마친 후, 12년 동안의 긴 학창생활이 끝나고 자유가 온다는 사실에 설렜다. 수능을 잘 보지는 않았지만 딱 내 실력만큼 결과가 나왔다고 생각해 아쉬움도 없었다.

졸업 전까지 수업이 일찍 끝나는 몇 개월간 교문을 나서기 무섭게 친구들과 더욱 열심히 놀았다. 공부 압박이 전혀 없는 자유로운 시간이었다.

졸업식이 끝나고 집에 돌아와 대학생활을 상상해보았다. 순간, 자유로운 시간들이 무섭게 느껴졌다. 이제 정말 혼자 헤쳐 나가야 한다는 실감이 났다.

학생 때는 빨리 어른이 돼서 자유롭게 살고 싶었는데 막상 자유를 얻게 될 생각을 하니 덜컥 겁이 났다. 자유를 얻으면 그만큼 책임감이 뒤따른다는 것을 그때 알게 됐다.
고정된 학교생활에서 벗어나 자유로운 대학생활을 과연
내가 어떻게 풀어갈 수 있을지 불안함은 커져갔다.

스펙 없는 전문대생의
중소기업 취직

　스무 살이 되었다. 별다른 이변 없이, 그다지 슬플 것도 없이 내게 놓인 선택지 중에서 가장 좋아 보였던 3년제 전문대학 환경과에 입학했다. 화학을 좋아했기 때문에 화학 관련 학과를 찾아본 후 그중 미래에 대한 전망이 있고, 무엇보다 취업률이 높은 학과를 택했다.

　10대에서 20대가 된 것은 큰 변화였다. 성인으로 인정받는 나이가 되었고, 당당히 주민등록증을 내밀며 술을 마실 수 있었다. 교복을 벗어던졌고 공부를 해야만 한다는 선생님들의 압박에서 벗어날 수 있었으며, 이성 친구를 만나 연애도 했다.

그러나 그때까지도 나 자신에게 변화가 필요하다는 사실을 미처 깨닫지 못했다. 직접 시간표를 짜고, 누구의 도움도 없이 학점을 관리해야 했고, 나아가 미래 계획까지 짜야 하는 대학교는 좋게 말하면 자유, 나쁘게 말하면 방치였다.

고등학생 때부터 공부와는 거리가 먼 나였기에 스스로 학점을 챙기고, 미래에 대해 깊이 고민하지 않았다. 기분이 내키는 대로 출석 일수는 들쭉날쭉했고, 출석하더라도 집중하여 수업을 듣는 날이 손에 꼽을 정도였다. 집안 사정이 좋지 않아 학자금 대출을 받는 등 경제적인 타격을 받고 있었음에도 생활을 바꿔야겠다는 생각을 하지는 못했다.

1년 365일, 하루 24시간이 일정한 간격을 두고 흐르는 것인지 의심스러울 만큼 고등학교 3년에 비해 대학교 3년은 쏜살같이 흘러갔다. 대학교까지 졸업하고 나니 더 이상 물러날 곳이 없었다. 3학년을 모두 마치면 졸업이 기다리

고 있다는 사실을 모르지 않았는데도 아무런 대책도 세워
놓지 않았다.

대학을 졸업하기 전에 다들 자격증을 취득하는 분위기
였다. 나도 분위기에 휩쓸려 방학 동안 학원을 다니며 수
질환경산업기사 자격증과 산업위생산업기사 자격증을 취
득하기는 했다.

준비한 것은 별로 없었지만 내 손으로 직접 돈을 벌어
쓰고 싶었다. 취업 사이트에 들어가 초대졸, 수질환경산업
기사 자격 요건에 맞는 회사를 알아보았다. 여러 곳에 지
원서를 넣었지만 딱 한 곳에서 면접을 보자는 연락이 왔
다. 산업공단에 있는 중소기업이었다.

면접을 보고 얼마 지나지 않아 합격 통보를 받았다. 며
칠 뒤 출근을 하라고 했다. 인수인계는 1~2주 정도 받을
수 있었다. 그렇게 나의 첫 사회생활이 시작되었다. 나중
에 알고 보니 지원자가 별로 없어 내가 지원서를 넣자 바
로 합격시켰다고 했다. 그도 그럴 것이 회사가 집으로부터
왕복 3시간 거리에 위치해 있었다. 30분 동안 버스를 타
고, 40분 동안 지하철을 탄 뒤 회사 차를 타고 20분을 더
달려야 회사에 도착할 수 있었다.

사장님이나 선배님들도 모두 잘 챙겨주셨고, 직원이 많지 않았지만 서로 잘 지내는 분위기였다. 회식 문화도 없었고, 칼퇴근도 가능했다. 그러다보니 색다른 도전보다는 편한 생활에 안주했다.

멍하게 운동장을 바라보던 고등학생 때처럼 20대가 되어 차창 밖의 장면을 바라보며 그제야 깨달았다. 인생에서 가장 소중한 시절을 허비한 대가로 나에겐 더 이상 어떠한 선택지도 남아 있지 않음을 말이다.

갑자기 두려운 마음이 밀려들었다. 인생을 바꿔볼 노력도 없이 이대로 변화 없이 살다보면 그 끝에 엄청난 허무와 인생에 대한 회의가 기다리고 있을 것 같았다. 나는 그 거대한 쓸쓸함과 우울함을 받아들일 자신이 없었다.

'고등학생 때 공부 열심히 할걸…….'
'대학생 때 다양하게 활동해볼걸…….'
하지만 후회하기에는 너무 늦었다. 현실을 직시하니 나 자신이 너무나 한심했다. 지금이라도 내가 할 수 있는 최선의 변화를 일으켜야만 했다. 지금이 아니면 평생을 이렇게 무의미한 인생 속에 갇혀 살아가게 될 것 같았다. 이미 지나간 시간을 탓해봤자 돌아오는 것은 후회와 자괴감, 우울뿐이었다.

그럼에도 더 큰 자극과 충격이 있어야 했던 것인지 마음과는 달리 변화를 행동으로 실천하기란 쉽지 않았다.

편안함의 한계에
부딪치다

　회사에서의 생활은 편안했다. 약품 관리, 실험, 간단한 사무 업무 등을 했다. 업무 강도가 높지 않았고, 식당이 건물 1층에 있어 12시에 바로 식사를 하고 나면 남는 점심시간 동안 여유롭게 실험실 한쪽에서 우쿨렐레 연습을 하기도 하고, 상사들과 탁구도 치며 취미생활을 즐겼다. 무엇보다 매달 정기적인 수입이 있다는 사실이 가장 좋았다.

　좋은 회사에서 편하게 일했지만 분명 한계가 있었다.

당시 연봉은 1,800만 원이었다. 세후로 받는 월급이 140만 원이 채 되지 않았다. 연봉은 협상 없이 매년 동결이었다. 승진하는 사람들은 연봉 협상을 하고, 협상 결과에 따라 액수가 달라졌다. 반면 내 업무는 성과를 내기보다는 반복되는 사무 업무였다. 사회생활이 처음인지라 성과에 대한 개념이 없었고, 그저 주어진 일을 열심히 할 뿐이었다. 주어진 업무는 어렵지 않았고, 자유시간도 많았기 때문에 연봉을 올려달라고 말해도 되는지조차 몰랐다.

무엇보다 나를 무겁게 짓누르는 것은 결혼, 출산, 육아 등 앞으로 다가올 현실이었다. 여자 선배들을 보니 출산을 앞두고 반강제적으로 퇴사를 했다. 중소기업을 다닌 4년 동안 출산 후 돌아온 선배는 한 명도 볼 수 없었다. 중소기업 특성상 휴직제도 사용이 쉽지 않았기 때문이다. 출산이 강제 퇴직 사유도 아니었고, 누구 하나 눈치를 주지 않았다. 그러나 중소기업 분위기상 자연스럽게 휴직보다는 퇴직을 하는 분위기였다.

그것이 곧 나의 미래이기도 했다. 빈자리에 새로 직원을 뽑아서 대체되면 그걸로 끝인 경우가 많았다. 상황이 돼서 다시 돌아온다고 해도 중간 휴직이 아닌 재채용될 확률이 높았다.

중소기업 특성상 한 사람, 한 사람의 역할이 크기 때문에 휴직 기간 동안 일할 사람이 반드시 필요한데, 그 기간 동안만 일할 사람을 뽑기는 쉽지 않다. 특정 기업의 폭력이 아닌 구조적인 어려움이 따랐다.

대학 동기 중 한 명은 대학 시절 열심히 공부해서 좋은 학점을 받아 대기업 제약회사에 '초대졸 전형'으로 입사했다. 하지만 전문대 졸업이라는 벽에 막혀 진급 명단에서 누락되기 일쑤였다.

나와 비슷하게 중소기업에 입사한 친구들은 적은 급여와 반강제적으로 동결된 연봉이 기다리고 있었다. 모두 그렇지는 않았지만 임신 소식을 알리면 대부분의 회사에서 반기지 않는 분위기였다. 남자 동기들의 경우, 월급이 매년 동결되었고, 승진이 어려울 뿐더러 야근을 해도 그에 맞는 야근 수당을 받지 못했다.

동기들과 만나 회사 이야기를 할 때면 한숨만 터져 나왔다. 어디서부터 잘못된 것인지, 어떻게 해결해야 할지 막막했다. 전공을 살리지 않고 다른 길로 가는 동기들도 많았다.

분명 한계가 있었다. 100세 시대라고 하는데 돈을 벌

수 있는 나이는 어느 정도 정해져 있었다. 앞으로 살아가야 할 미래가 있었다. 그래서 겁이 났다.

공부에 관심이 없던 학생, 미래에 대한 목표 없이 점수에 맞춰 전문대학을 진학한 학생, 육아휴직이 인정되지 않는 작은 회사에 입사한 나의 미래는 이미 정해져 있었다. 내가 뿌린 씨앗에 걸맞는 결과였다. 미래가 불안하다는 생각이 드니 현재도 안정적이지 않게 느껴졌다.

내 삶을 변화시키고 싶었다. 그려지지 않는 답답한 미래를 새로이 그리고 싶었다.

그렇다면 지금부터 내 삶을 바꾸기 위해 무슨 일을 할 수 있을까. 다시 좋은 대학에 가야 할까? 다시 대학교를 다니는 것은 시간이 너무 오래 걸릴 것 같았다. 그리고 학비가 많이 들기 때문에 선택할 수 없었다. 학점은행제도가 있긴 했지만 스펙을 쌓는 데 도움이 될까 싶었다.

그럴 바에는 회사생활을 계속하는 것이 나았다. 이직할 이유도 없었다. 사기업 이직은 별다를 바 없다는 생각이 들었다. 당장 이뤄놓은 것이 없으니 더 좋은 회사를 꿈꿀 수도 없었다. 생각할수록 막막했다. 그러나 이 생활을 벗어나고픈 욕구가 강렬했기에 생각을 멈춰서는 안 됐다.

내 삶을 업그레이드하고 싶었다. 여태 그래왔던 것과는 다르게 생각에서 그치지 않고 행동해야 했다.

삶을 확 바꿀 수 있는 그것. 해보지 않은 것들을 배울 수 있는 일이 무엇일까 생각했고 마침내 찾았다.

지금 당신이
하고 있는 것

우리는 지금보다 앞으로의 삶이 더 나아지길 바란다. 열정 가득하며 똑똑한 사람으로 변하기를 꿈꾼다. 하지만 실행하지 않으면 아무것도 바뀌지 않는다.

오랜 기간 달리지 않고 멈춰 있었기에 열정을 가동시킬 엔진은 꺼져 있었고, 어디서부터 어떻게 시작하고 바꿔가야 할지 막막했다.

그때 내 생각을 바꿀 수 있는 것은 '독서'라고 생각했다.

어렸을 때 읽은 위인전 빼고는 책을 가까이한 적이 없었지만, 내 삶의 변화에 물꼬를 터준 것은 분명 독서였다.

어떤 책을 읽어야 할지 고민하던 중 자기계발 베스트셀러 중에서 공감이 잘 되고 읽기 쉬운 책을 찾았다. 당시 베스트셀러였던 《이지성의 꿈꾸는 다락방》과 《스무 살, 절대 지지 않기를》을 읽은 후 매일 책을 읽으며 이제부터라도 자기계발을 해야겠다고 결심했다.

스물셋이 되어서야 제대로 된 독서를 시작한 것이다. 일주일에 두 권 이상의 자기계발 책들을 읽었다. 몰랐던 지식들을 얻기도 했지만, 독서를 통해 가장 크게 얻은 것은 바로 마음가짐이었다. 할 수 없다고 생각한 것들을 '한번 해보자!'라고 바꾸게 되었다.

기회가 된다면 저자 강연회도 나갔고, 저자에게 직접 메일을 보내서 만나 이야기를 나누기도 했다. 독서 모임에서 사람들을 만났고, 사람들이 자신의 꿈을 이루기 위해 얼마나 적극적으로 행동하고 이뤄내는지 알게 되었다.

독서 외에도 자기계발 모임, 영어 회화, 마라톤, 블로그, 각종 강연회 등에 참석해 그동안 해보지 못한 것들을 하나씩 해나갔다. 그러다보니 만나는 사람들도 다양해졌다.

한때는 사업이 하고 싶어 자수성가한 사업가들을 직접 만나 조언을 듣기도 하며 삶에 도움이 되는 많은 것들을 배웠다.

20대 초중반에 그들에게서 배웠던 열정을 잊지 못한다. 그래서 공무원 시험을 준비할 때에도 스스로 열정을 불어넣고 동기부여를 하며 마침내 해낼 수 있었다. 당신도 충분히 해낼 수 있다.

찾아오는 위기와
기회의 순간

    회사에서 어느 정도 안정을 찾고 매달 학자금 대출을 갚아가고 있을 때 아버지 사업은 점점 어려워지고 있었다. 매달 마이너스가 이어졌고, 결국 하던 사업을 헐값에 팔고 나오게 되었다. 부모님께서 20년간 열심히 일해 마련한 아파트도 사업이 계속 기울자 급매로 내놓게 되었다. 아파트에 처음 이사를 왔던 그날 어머니께서 정말 행복해하셨는데 10년도 살지 못하고 형편이 나빠져 다른 곳으로 이사를 가게 되니 그 마음을 이루 말할 수 없었다.

결국 대출을 껴서 20평이 채 안 되는 오래된 빌라에 전세로 이사를 가게 되었다.

아버지께서는 무자본으로 할 수 있는 택배 일을 시작하셨다. 어머니께서도 스포츠센터 안내데스크에서 3교대 근무를 하셨다. 새벽부터 출근해 물량이 많을 때면 제대로 식사할 틈도 없이 일하시는 아버지를 옆에서 지켜보기만 해도 마음이 아팠다.

하루는 많지 않은 돈이지만 1년 넘게 넣어둔 적금을 해약해 어머니께 드렸다. 하루가 다르게 아버지는 말라가셨고 나도 이제 정말 무언가 해야만 했다. 하고 싶은 것이 아닌 해야만 하는 일을 찾아 해야 했다.

안정적인 직장과 월급, 복지가 좋은 직업을 찾아야 했다. 조급한 마음과 함께 불안감은 몸집을 불려갔다. 그 와중에 예전 어머니께서 공무원을 권유하셨던 생각이 났다. 그렇지만 섣불리 도전할 용기가 나지 않았다.

그러던 어느 날, 회사 부사장님께서 내게 한마디를 건네셨다.

"공무원 해보는 건 어때요?"

지금 생각해도 황당하지 않을 수 없다. 직원에게 회사를 그만두고 공무원을 해보라고 권하다니. 부사장님의 딸이 공무원이었기에 공무원이 되면 누릴 수 있는 장점들이 많다는 것을 알고 계셨고, 그런 의도로 하신 말이었음을 후에야 알게 되었다.

공무원에 도전하겠다고 마음을 먹기까지 쉽지 않았다. 공부를 잘하지도, 공부하는 요령도 모르는데 무턱대고 시작하기가 두려웠다.

고민의 시간이 이어졌다. 괜히 공부한다고 시험에 도전했다가 회사마저 다니지 못하는 상황이 오지 않을까, 지금 집안 사정도 어려운데 나까지 돈을 벌지 않고 공부를 시작하는 건 너무 이기적인 생각이 아닐까 싶었다.

결국에는 어머니께서도 원하시기에 한번 해봐야지, 하고 도전하게 되었지만 내 솔직한 마음은 공무원이 되어서 미래에 대한 확신을 얻고 싶었다.

무작정 공무원 시험에 뛰어들기 전에 우선 시험 정보를 알아봐야겠다고 생각했다. 유명한 공무원 카페에 가입해 공무원에는 어떤 직렬이 있는지, 몇 명을 뽑는지, 몇 년 정도 기간을 잡고 공부해야 하는지, 그 기간 동안 드는 돈, 합격 수기들을 읽고 또 읽었다.

공무원 시험에 도전하고, 합격에 기뻐하고, 불합격에 좌절하는 사람들의 글을 보면서 용기를 얻기보다는 두려움이 앞섰다. 결코 쉬워 보이지 않았다.

생각을 정리하고 결심하기까지 수개월이 걸렸다. 시험에 합격할 때까지 꾸준히 공부할 수 있을지 스스로 충분히 검열한 후 확신을 가지고 나서야 9급 공무원에 도전하기로 결심했다.

절대
퇴사부터 하지 마세요

"당장 퇴사하고 공부에 집중해야겠죠?"

공무원 시험을 도전하는 직장인들이 가장 많이 물어보는 질문 중 하나다. 그때마다 대답은 늘 같다.

"절대 퇴사부터 하지 마세요."

직장인이라고 해서 시험을 위해 반드시 퇴사해야 하는 것은 아니다.

실제로 나는 퇴사하지 않고 일과 공부를 병행했다. 물

론 어려운 일이다. 공부는 잘 되지 않고 포기해야 하는 것들만 늘어간다. 그 순간을 견디지 못해 퇴사를 결정하지 말고 조금 더 길게 보기를 바란다. 항상 실패했을 경우를 대비해야 한다.

공무원은 합격자보다 불합격자가 압도적으로 많은 시험이다. 실패해도 돌아갈 곳이 있어야 했기에 나는 시험에 도전하면서도 곧장 퇴사를 결정하지 않았다. 집안 사정상 돈을 벌어야 했기에 바로 퇴사할 수도 없었다. 간절함과 강한 의지로 공부에 임하는 것은 좋지만 자신을 극한의 상황으로 몰고 가면 오히려 더 큰 독으로 돌아올 수 있다.

회사를 다니며 하루 루틴을 계획하고 실천했다. 아침 1시간 30분, 점심 30분, 퇴근 후 2시간. 평일 4시간의 공부 시간을 확보했다.

아침저녁으로는 강의를 듣고 복습을 했다. 또한 출퇴근하면서 보내는 3시간 중 1시간 20분 정도의 자투리 시간을 활용했는데, 버스를 타서 15분, 지하철을 타는 25분. 편도로 40분씩의 시간을 공부 시간으로 만들었다. 이 시간에는 아침에 공부했던 내용을 복습하거나 영어 단어를 외웠다. 그리고 퇴근 때에는 영어 단어를 다시 복습했다. 이동하면서 영상을 보는 것은 집중이 잘 되지 않았고, 필기도 할 수 없어 이동 시간에는 복습이나 암기 공부를 하는 것이 적합했다.

집중 공부 4시간과 자투리 공부 1시간 20분의 하루 공부를 마치고 도서관에서 집으로 향하는 동안 머리를 식히며 오늘 하루를 되돌아보고 내일 할 일을 생각했다. 스스로 잘했다고 칭찬하고 위로하며 내일도 열심히 하자고 응원했다.

그렇게 6개월을 공부하고 지방직 환경직 9급 첫 공채 시험을 봤다. 나쁘지 않은 점수였다. 직장에 다니며 힘들게 6개월 동안 공부한 보람이 있었다. 다음번 시험까지 남은 1년. 1년만 더 공부하면 합격할 수 있겠다고 생각했다.
그럼에도 회사를 그만두지는 못했다. 집안 상황은 나아지기는커녕 더 나빠졌고, 지금까지 모아둔 돈으로 1년의 수험생활을 버틸 수 있을지 걱정이었다. 그만두더라도 돈을 더 벌은 후에 퇴사해야겠다고 생각했다.

다시 한 번 강조하지만 절대 퇴사를 먼저 생각하지 말자. 우선 공부 시작부터 하자. 공부에 손놓은 시간이 길수록 시험 시간 100분 동안 앉아 있는 것부터가 곤욕이다. 각오와 다짐은 좋으나 현실을 생각해서 현명하고 전략적인 판단을 하길 바란다. 정말 합격할 수 있을 것 같다는 판단이 들었을 때 퇴사해도 늦지 않는다.

혼자서 공부하는 데에는 한계가 있었다. 양이 많아서 눈에 들어오지도 않을뿐더러 공부한 후에 정리가 되지 않았다. 과목별로 마음에 드는 강사를 찾아 학원별로 인터넷 강의를 듣다 보니 수강료가 배로 들었다. 이왕 공부하기로 했으니 좋은 투자라고 생각했다. 그래서 듣고 싶은 선생님의 강의는 감당할 수 있는 한도 내에서 모두 들었다. 유명 강사의 강의는 친구와 같이 듣기도 했다.

전공과목(환경직의 경우 전공과목, 일반행정직의 경우 선택과목)인 환경공학과 화학은 따로 두 개 학원에서 들었다. 독학하기가 어려워 내게 맞는 선생님을 찾고 커리큘럼에 따라 공부했다. 그렇게 6개월 동안 더 직장인 공시생활을 했다. 1월부터 12월까지 1년 동안 직장인 공시생활을 한 셈이다.

다음 시험까지 남은 6개월간은 하루 10시간 이상씩 공부에 올인해야겠다고 다짐했다.

어느 정도 베이스가 쌓인 나에게 필요한 것은 더 많은

공부 시간이었다. 여태 직장을 다니면서 힘들고 피곤하게 공부해왔다. 그 힘든 시간들을 버텼으니 이제는 전업 공시생으로서 오로지 공부에만 몰두해야겠다고 생각했다.

충분히 합격할 수 있을 것이란 믿음을 가지고 다니던 직장에 퇴사 의사를 밝혔다. 직장을 다니면서 공무원 공부를 시작할 때부터 응원해주신 사장님이었기에 퇴사 이야기를 꺼냈을 때 그리 놀라지 않으셨다. 혹시나 잘 안되면 회사로 다시 돌아오라고도 덧붙이셨다.

마지막 회식 날, 회사 사람들은 모두 응원의 말을 건넸다. 나와 10년 이상 차이 나는 과장님께서는 열심히 공부해서 꼭 공무원이 되라며 용돈도 주셨다. 감사함과 함께 아쉬움도 들면서 당당하게 공무원이 되어 찾아뵈어야겠다고 다짐했다.

직장인,
공무원 시험 전에
알아야 할 것들

공채 개그맨을 그만두고
경찰 공무원이 되다

❝ 최악의 슬럼프, 위장 공시생을 극복하다 ❞

전직 공채 개그맨이자 지금은 경기남부지방경찰청에서 경찰 공무원으로 일하면서 유튜브 채널을 운영 중인 '힐링고'라고 합니다.

20대 때 꿈을 좇아 개그맨이라는 자리까지 가게 되었는데, 직업의 귀천을 따질 수는 없겠지만 꿈꿨던 개그맨이 되고 나서야 현실이 생각보다 녹록치 않음을 알게 되었어요. 생계가 일정하지 않았고 출연 중이던 프로그램도 폐지되기 직전이었죠. 그때부터 소망하던 꿈은 아닐지라도 조금 더 안정적인 삶을 살고 싶다는 고민을 하게 되었습니다. 그게 또 다른 꿈이 되었던 거죠.

그렇게 공시 공부를 시작했어요. 공무원에 합격하는 친구들을 보면서 '저 친구도 붙는데 내가 안 될 게 있나?'라는 생각으로 공시 공부에 뛰어들었죠.

그런데 오히려 너무 큰 자신감이 제게 독이 되어 돌아왔어요. 초시생의 마음이라면 뭐든 다 할 수 있을 것 같고, 단기 합격이 내 이야기 같고 그렇잖아요. 저도 그랬어요. 자신감 200퍼센트로 시작했는데, 막상 공시 공부를 하다 보니 생각했던 것만큼 잘 되지 않았어요. 공부 공백기가 너무 긴 탓이었죠.

남들은 두세 달 만에 평균 6~70점 이상은 받는다던데 저는 그렇지 않았어요. 점수가 안 나오니까 조급함이 밀려들고 '다른 사람들은 다 하는데 왜 나만 안 되지' 하는 생각이 머릿속을 가득 채우면서 자신감이 바닥까지 떨어졌어요. 공부에 손을 놓는 상황까지 발생하니까 돌이켜보면 그때가 가장 힘들었던 것 같아요.

힘들고, 마음에 여유가 없다보니 자꾸 과거의 일들을 들추게 되더라고요. 시험을 포기하고 싶다는 생각까지 했어요. 심지어 제가 그전에 방송 일을 했으니까요. 홈쇼핑 쇼호스트 제안도 들어왔었는데, 그때 많이 흔들리기도 했어요. 그래도 나를 믿고 지원해주는 부모님이 계시고, 가족, 친척, 친구들에게 공무원 공부를 하겠다고 이야기했는데 여기서 관두면 안 되겠다 싶은 마음에 차마 포기하지 못했습니다.

 슬럼프가 길었다고 생각되는데, 특히나 최악의 슬럼프라고 하는 위장 공시생 슬럼프까지 겪었어요. 오전 6시에 일어나서 아침밥을 먹고 공부하러 나간다고 해놓곤 PC방에 갔어요. PC방에 가서 부모님께서 출근하실 때까지 시간을 끌다가 9시가 되면 집에 돌아와 다시 잠에 들었죠. 그리고 부모님께서 퇴근하실 저녁 6시쯤이 되면 다시 PC방에 가거나 친구들을 불러서 술을 한잔하거나……. 정말이지 혐오하던 위장 공시생이 바로 저더라고요. 가끔 저녁에 들어가면 부모님께서 '아들, 고생했어'라고 말씀하시는데 그 말을 듣기가 너무 괴로워서 일부러 12시가 넘어서 집에 들어가기도 했어요.

 정신을 차리기 위해서 정말 많은 시도를 했어요. 더 이상 이렇게 살아서는 안되겠다 싶었죠. 종교는 없지만 낙산가에 가서 종도 울려보고, 공시생과 관련된 영상을 수도 없이 찾아보고, 정신과 상담까지도 받아봤어요. 이전에는 개그맨을 했을 정도로 정말 밝고 긍정적인 성격이라 자부했는데 의지할 곳이 없어지니까 심리적으로 많이 힘들더라고요. 그래도 나를 위해서라도 제대로 공부해서 시험에 합격해야겠다고 굳게 마음을 먹으면서 차츰 슬럼프를 극복하게 되었어요.

공시 도전에 있어 자신감은 갖되 그게 지나쳐서 자만심이 되지 않도록 스스로 본인의 위치를 깨닫는 것. 그 자세가 공시 도전의 첫 단계라고 생각합니다.

자세한
인터뷰 내용이
궁금하다면?

2장

변화를 위한
한걸음을 내딛다

내가 가고 싶은
길을 찾아라

공부라고는 진득하게 앉아 해본 적이 없던 나로서 공무원 시험의 벽은 상상할 수 없을 만큼 크고 높았다. 노베이스이다 보니 어떻게 시작해야 할지 막막했다. 막막하니 두려움이 몰려왔다. 주변에 공무원에 대해 물어볼 곳도 없었다.

그래서 내가 선택한 방법은 합격한 사람을 따라 하는 것이었다. 나와 비슷한 상황의 합격자들의 이야기를 찾았다. 노베이스 공시생임에도 합격한 분들의 이야기를 듣고 또 들었다. '과연 나 같은 노베이스도 시험에 합격할 수 있을까'에 대한 의문이 풀릴 때까지 여러 합격 수기를 읽었다. 혼자 고민하면 제대로 된 답도 찾을 수 없고 불안만 커지니 합격자들의 노하우를 배우면서 '나도 합격할 수 있겠다'는 믿음을 가졌다.

할 수 없는 것보다는 할 수 있는 것에 집중했다. 당장 공부를 시작한다고 해서 단박에 성적이 눈에 띄게 오를 수도 없는 노릇이었기에 시험에 합격할 수 있는 전략을 짜는 데 집중해야 했다.

처음 공무원 시험에 뛰어들면서 해내겠다는 결의보다는 막막함과 답답함을 많이 느꼈다. 대체 뭐부터 준비해야 할지 몰랐다. 학창시절에는 전략이랄 것 없이 그저 선생님이 시키는 대로 따랐다. 시험이 다가오면 수업시간에 필기해둔 것을 몇 번 보다가, 벼락치기로 시험 전날에 보는 정도였다. 그러다보니 좋아하는 선생님이 수업하는 과목과 아닌 과목간의 성적 편차가 컸다.

이제는 고쳐나가야 했다. 공무원 시험 준비만큼은 전

략적으로 해야 했다. 지피지기 백전백승이라는 말처럼 적을 알고 나를 알면 백 번 싸워 백 번 이길 수 있다.

달리기를 할 때 골인 지점이 어디인지도 모른 채 무작정 뛰어야 한다면 많은 사람들은 포기하고 말 것이다. 공무원 시험의 구성과 본인에게 맞는 길을 찾는 것이 합격으로 향하는 지름길이다.

전략을 짜는 첫 번째 단계는 내가 어느 근무지, 어떤 직렬을 선택할 것인지, 되고 싶은 공무원상이 있는지에 대해 아는 것이다. 이를 위해서는 국가직과 지방직, 전공, 직렬 선택, 근무환경, 채용 인원과 경쟁률, 커트라인을 고려해야 한다.

이에 대입해보았을 때 나는 국가직과 다르게 이동 없이 지원한 지역에서만 다닐 수 있는 지방직을 선택했고 전공이 환경이라 경력을 인정받을 수 있는 환경직을 택했다. 원서를 접수할 때는 최근 3년 동안의 경쟁률, 커트라인을 참고해 합격 가능성이 있는 시에 지원했고, 전략이 맞아 합격을 거머쥘 수 있었다.

☑ 국가직과 지방직

동사무소에도 공무원이 있고 행정부처, 국회, 법원, 국 방부, 환경부, 학교 등 다양한 곳에 공무원이 있다. 생각보 다 많은 곳에 공무원들이 있다. 많은 사람들이 국가직과 지방직을 혼동하는데 간단하게 설명하자면 둘은 소속 기 관이 어딘지에 따라 나뉜다. 국가직은 정부 부처에 소속되 어 근무하고 지방직은 지방자치단체에 소속되어 근무한 다. 참고로 서울특별시는 지방자치단체로 이곳에서 근무 하는 공무원은 지방직 공무원이다.

지방직을 택한 가장 큰 이유는 국가직의 경우 전국에서 근무해야 한다는 단점을 가지고 있기 때문이었다.

전공이 환경 분야이기에 직렬을 선택하는 데에는 고민 이 없었다. 환경 직렬 중에서 국가직은 환경부이고, 지방직 은 도내에 있는 지역 중 합격 가능성이 높은 곳을 선택해야 했다.

당시 환경부 9급은 전공과목이 환경공학개론, 화학, 환 경보건 세 과목으로, 한 과목당 50문제씩 150문항을 150 분 동안 치러야 했다.

지방직 9급의 경우 시험 과목은 공통과목인 국어, 영

어, 한국사 세 과목과 전공과목인 화학, 환경공학개론 두 과목으로, 과목당 20분씩 총 100분의 시험 시간 동안 100 문항을 풀게 된다. 환경직은 공개 채용과 경력 채용으로 나뉘는데 공개 채용의 경우 다섯 과목, 경력 채용의 경우 두 과목의 시험을 치르는 대신 특정 자격증을 취득해야 한다. 나는 응시 조건에 해당되는 자격증을 가지고 있어 공개 채용, 경력 채용에 모두 응시했지만 경력 채용은 워낙 소수 인원을 뽑기 때문에 합격 확률이 매우 희박했다. 때문에 비교적 채용 인원이 많은 공개 채용 준비에 노력을 쏟았다.

☑ 직렬

대학 전공이 환경이었기에 직렬 선택에 어려움은 없었다. 갖고 있는 자격증으로 가산점도 받을 수 있었고, 면접에서 전공 관련 질문을 받았을 때 비전공자보다는 유리하다는 생각이 들었다.

공무원을 하고 싶지만 정보를 제대로 알지 못한 채 도전하는 사람들 대부분이 일반행정직을 택하고, 이후 불합격이라는 쓴맛을 본다. 일반행정직은 그만큼 경쟁률과 커트라인이 높다.

한번은 환경을 전공한 공시생이 이렇게 물었다.

"환경직 업무가 힘들다고 들었어요. 일반행정직에 지원해야 할까요?"

공무원 특성상 민원 업무는 일반행정직이든 환경직이든 똑같이 쉽지 않다. 실제로 동기 중 한 명은 일반행정직임에도 불구하고 환경과에서 2년 이상 환경 업무를 했다. 생활쓰레기 민원 업무로 환경미화원분들을 관리하고, 주거지 앞 쓰레기 문제 해결을 위해 잦은 현장 방문도 했다.

공무원은 보통 2년마다 보직이 바뀌기 때문에 일반행정직도 현장 업무를 할 수 있고, 반대로 환경직도 서무 업무를 할 수 있다는 사실을 명심해야 한다.

내 직렬인 환경 직렬 안에서도 업무가 다양하다. 환경직에 합격해도 예산 업무를 할 수 있다. 이는 환경 전공과는 무관하며 엑셀이나 한글의 기본 기능만 알아둬도 충분하다. 숫자에 대한 거부감만 없다면 배우면서 할 수 있는 일이다.

직렬 선택은 공무원 시험에 아주 중요하다. 그만큼 내가 어떤 일을 하고 싶은지 진지하고 깊이 있는 고민이 필요하다.

☑ 전공

비전공자라 하더라도 환경직 업무가 충분히 가능하다. 수질과에 발령받아 입직 초에 공장의 산업 폐수, 가축분뇨 배출시설 점검 등 현장 출장 업무를 주로 했다. 신입이든 고참이든, 현장 출장 업무든 사무직 업무든, 새 업무를 맡으면 그때그때 배우면서 일한다.

가끔 비전공자인데 환경직 업무를 할 수 있는지, 면접이나 업무를 할 때 불이익은 없는지 질문해올 때가 있다.

전공 분야가 아니더라도 업무를 배우면서 훌륭하게 해낼 수 있으니 전공에 대한 걱정은 떨쳐버렸으면 좋겠다. 공무원 시험에 최종 합격하면 신입자 교육을 시켜주고, 선임자와 주변 사람들로부터 많은 도움을 받을 수 있으니 미리 걱정하지 않았으면 좋겠다.

행여 업무가 맞지 않다면 팀을 변경해서 새로운 기회를 부여받을 수 있다. 또한 경력 채용과 관련해서도 관련 분야를 전공해야만 응시할 수 있는지 묻는다면 모집 공고를 꼼꼼히 확인하라고 말한다. 모집 공고를 확인하는 만큼 정확한 방법은 없다.

보통 전공 분야가 아니더라도 관련 자격증만 있다면 경력 채용 시험에 응시할 수 있다.

일을 잘하는 사람은 전공자가 아니더라도 잘 해낸다. 업무를 배우고자 하는 의지만 있다면 충분히 잘할 수 있다. 전공 분야에만 한정되어 있지 말고, 겁먹지 말고 도전하기를 바란다.

☑ 근무환경

근무환경은 일의 능률에 중요하게 작용한다. 대부분 '공무원=정시 출퇴근'을 꿈꾸기 때문이다. 하지만 1년 365일 정시에 출근해 정시에 퇴근하기란 어려운 일이다. 야근도 하고, 주말 출근을 하거나 재난 상황일 때에는 관련 공무원의 워라밸은 없다고 봐도 될 정도다. 하지만 이 또한 부서, 직렬에 따라 천차만별이고 어떤 업무를 맡느냐에 따라 비교가 달라진다. 요즘에는 워낙 정보가 많으니 인터넷 등을 통해서 분위기를 파악하기 바란다.

자신이 원하는 근무환경을 생각해보고 그 모습과 겹치는지 고려해보자. 좀 더 생생한 정보가 필요하다면 주민센터에 가든, 지원하고 싶은 근무지에 가서 근무환경을 둘러보는 것도 좋은 방법이다.

드라마, 영화에서 나오는 멋진 근무환경은 존재하지 않는다고 생각한다. 차라리 마음을 비우는 편이 나을지도 모르지만 그럼에도 근무환경은 능률과 밀접하게 연관되어 있는 만큼 중요하게 따져보아야 한다.

☑ 채용 인원과 경쟁률

만약 본인이 환경을 전공했고, 환경에 관심이 많아 환경직을 지원하고 싶다 하더라도 1명만 뽑는다면 다시 생각해볼 필요가 있다.

과거 채용 인원도 확인해봐야 한다. 과거부터 꾸준히 1~2명만 뽑는다면 '과연 내가 그 1명이 될 확률이 어느 정도 될까'를 냉정하게 따져봐야 한다. 다음의 사례를 보자.

직군			선발 예정인원	접수	
직렬	직류(분야)	직급		인원	경쟁률
행정	일반행정	9급	914	20,388	22.3:1
세무	지방세	9급	67	2,562	38.2:1
전산	전산	9급	19	673	35.4:1
사회복지	사회복지	9급	329	6,699	20.4:1
사서	사서	9급	1	101	101:1
방호	방호	9급	9	636	70.7:1

* 출처 : 서울특별시공무원 인터넷 원서접수 사이트, http://gosi.seoul.go.kr

2020년 서울특별시 지방직에서 사서직은 단 1명만을 뽑았다. 경쟁률은 접수 기준 101:1로 서울특별시에서 가장 경쟁률이 높은 직군이었다. 실제 응시 기준으로 23:1이었다 해도 선발 인원이 단 1명일 경우, 경쟁이 아니라 생존의 문제가 된다. 아무리 고득점을 받아도 1등이 아니라면 밑으로는 모두 불합격자가 된다. 물론 시험을 열심히 준비해 단 한 자리가 내 것이 될 수도 있지만, 모든 것은 마음대로 흘러가지 않는다는 점을 명심하고 최악의 상황까지 고려해야 한다. 시험은 실력이기도 하지만 어느 정도의 운도 필요하다. 다만 야속하게도 그 운은 생각보다 정확하게 맞아떨어지기가 어렵다.

☑ 커트라인

공무원 시험은 등수에 따라 합격, 불합격이 나뉘는 것이 아닌 커트라인 안에 드느냐, 들지 않느냐에 따라 합격 여부가 갈리기 때문에 커트라인이 무엇보다 중요하다. 1등이나 2등이나 모두 합격자일 뿐이다. 그렇기에 진정한 승자라고 한다면 합격의 문을 닫고 마지막으로 들어가는 사람이 아닐까.

나는 취득한 자격증이 가산점 5점을 더해준다는 점과 전공과목에서 강점이 있다고 판단해 환경직을 택했다. 다른 직렬을 택했다면 분명 커트라인에서 밀려났을 것이다.

처음 공무원에 도전할 때에는 멋져 보이는 직렬, 나의 꿈과 비전에 맞춰 도전하는 경향이 있다. 충분히 이해한다. 하지만 어느 정도의 타협도 필요하다. 공무원 시험은 평균적으로 2~3년 이상을 올인해서 공부해야 합격할 수 있다. 공부 베이스가 낮은 공시생들은 그보다 더 오랜 기간이 필요하다.

특별한 자격 조건이 없기 때문에 진입장벽이 낮다는 점에서 많은 사람들이 공무원 시험에 도전한다. 그리고 그만큼 많은 사람들이 좌절한다. 냉정하고 잔인하지만 불합격 뒤에 남는 것은 아무것도 없다. 불합격 후에 다시 의지를 다잡기가 매우 어렵다.

다시 한번 명심하길 바란다. 공무원 시험은 1등 금메달을 뽑는 시험이 아니다. 합격과 불합격을 결정짓는 커트라인만 존재할 뿐이다. 그리고 그 커트라인을 넘겨 합격만 하면 된다.

비슷한 실력의
합격 수기를 찾아라

　　합격 수기를 읽다보면 합격자들만의 전략이 보인다. 합격 전략을 알고 시험에 도전하는 것과 모르고 시작하는 것에는 큰 차이가 있다.

　　단기, 장기 합격 수기를 보면서 전략이 필요하다는 점을 확실히 알게 되었으며, 시행착오를 줄여야만 빠른 시간 안에 합격할 수 있다는 점도 알게 되었다.

　　전략 없이 무작정 공부에 뛰어들기에는 공부해야 할 양

이 정말 방대하고, 수험 기간은 길어질 수밖에 없다. 노베이스였음에도 내가 실력에 비해 빨리 벽을 허물고 합격의 종을 울리기까지 합격 수기는 많은 도움이 되었다.

정말 많은 합격 수기들을 찾아본 후에 그것들을 일반화했다. 합격에 대한 확신을 갖고 싶어서 나와 비슷한 실력과 상황의 합격 수기를 많이 찾아봤다. 태생적으로 공부를 잘하는 수험생들의 감각까지는 내 것으로 만들지 못하겠지만 합격 수기를 통해 합격으로 가는 지름길을 찾을 수 있었다.

여러 합격 수기들을 읽어보며 인강만으로도 충분히 공부가 가능하다는 사실을 알게 되었고, 인강의 단점을 어떻게 보완해 더 완벽하게 공부했는지를 알 수 있었다. 예를 들어 '인강으로만 공부하되 학원에서 강의를 듣는 것처럼 인강 듣는 스케줄을 무조건 현강과 똑같이 만들어라'와 같은 합격 수기는 정말 많은 도움이 되었다.

고졸 합격자, 전문대생 합격자, 영어 노베이스 등 공부 기초가 없는 합격자들의 합격 수기를 집중적으로 찾아봤다. 노베이스 공시생이었기에 베이스가 있는 합격자들의 공부 스킬들을 참고하면서 노베이스 합격자들에게서 동기

부여와 용기를 얻었다. 특히 그들이 겪었던 시행착오를 숙지하여 절대 같은 실수를 반복하지 않으려 했다.

be 동사도 모르지만 공무원이 되겠다는 간절함으로 1년 만에 공무원 시험에 합격한 합격자의 이야기가 나와 비슷하다고 생각해 나름대로 요약한 뒤 따라 했다. 노베이스 합격자의 합격 요인은 간절함과 1년 안에 합격하고 말겠다는 의지, 매일 계획한 대로 공부하는 성실함이라고 했다. 나 역시 지금 상황을 벗어나고 싶다는 생각이 간절했고, 1년 6개월 안에 합격해야겠다는 의지를 다졌으며, 매일 계획대로 공부할 인내심과 성실함만큼은 자신 있었다.

전문대를 졸업해 공무원 공부를 하겠다고 했지만 교수님부터도 말렸다던 합격자의 이야기도 와닿았다. '네가 할수 있겠어?'라는 말들과 측은지심의 눈빛을 이겨내고 결국에는 합격했다고 했다. 1년을 공부해 불합격하고 나서는 주변 지인들도 모두 끊고 인강으로 13시간씩 공부에만 전념했다고 했다. 꿈에서도 공부를 했다고 할 정도였다.

그 합격자의 공부법을 똑같이 따라 했다. 나 역시 주변에 확신을 주는 사람이 없었다. '과연 합격할 수 있을까?' 싶은 마음이 내게도 있었고, 공부를 해서 성과를 낸 적이 없었기에 더욱 그랬다.

그럼에도 공무원이 되겠다고 결심한 이상 할 수 있다고 확신해야 했다. 꿈에서도 공부할 정도로 열심히 부딪혀 보자고 다짐했다. 지금은 수험생이지만 나도 후에는 노베이스 합격자가 될 수 있을 거라고 생각하며 힘을 얻었다.

비슷한 상황의
합격 수기를 찾아라

　직장인 공무원 합격자의 합격 수기는 많지 않았다. 직
장과 병행하며 공부를 하다가 퇴사한 뒤에 합격한 사례들
이 많았다.

　그렇다 해서 무턱대고 퇴사할 수 없는 노릇이었다. 갑
자기 월급을 포기하기에는 매달 고정적으로 빠져나가는
생활비가 있었다. 부모님은 괜찮다고 하셨지만 장녀로서
적은 돈이나마 힘을 보태야 했다. 퇴사한다고 해서 합격이
보장되는 것도 아니니 직장을 다니면서 6개월 동안 계획

한 대로 열심히 공부해보고 점수가 괜찮으면 더 공부할 생
각이었다.

회사에 다니면서도 공부에 집중할 수 있는지 스스로
시험해보고 싶었다. 6개월을 버틴다면 퇴사하고도 끝까지
공부해 합격할 수 있을 것 같았다.

대부분의 직장인 합격자들은 나와 비슷한 사정으로 직
장과 공부를 병행했다. 회사를 떠나고 싶어서 더 열심히
했다는 합격 수기도 있었다. 기술직 쪽에 근무하면서 출근
전, 퇴근 후 평일 하루에 4시간, 주말은 10시간 이상씩 공
부해 합격했다는 이야기를 보고 곧장 내가 공부할 수 있는
시간을 계산해봤다. 평일 하루에 4시간, 주말 20시간 공부
시간을 확보할 수 있었다.

치열하게 공부해야 하는 공시 생활이지만 직장인 공시
생에게도 휴식은 필수다. 간절함과 의지만으로 되지 않는
긴 싸움이기 때문에 공시생에게 적절한 휴식이 중요하다
는 합격 수기를 많이 봤다. 그래서 나는 일요일 오후 6시부
터는 무조건 휴식을 취했다.

처음에는 금요일만 되면 무너지고는 했다. 그럴 때마
다 6개월만 참아보자는 생각으로 버텼다. 약속을 잡으면
친구와 만나 어떻게 뭘 하고 놀지 생각이 많아지기 때문에

공부에 방해될 만한 것들은 생각하지도 않았다. 휴식시간인 일요일 오후 6시 이후부터 하고 싶은 것들을 했다. 저녁 11시 전에는 무조건 잠에 들어야 해서 약속이라면 집 근처에서 친구를 만나거나 저녁을 먹고 카페에 가거나 산책을 하는 등의 가벼운 일정이었다. 다음 날 컨디션에 영향을 미치기에 술은 마시지 않았다.

회사생활을 병행하면서 공시생이 되는 것은 반대하지 않지만, 야근이나 회식이 잦은 회사라면 추천하지 않는다. 내가 다니던 회사는 야근이나 회식이 거의 없었고, 정시에 출퇴근해 고정적인 공부 시간을 확보할 수 있었다.

그럼에도 1년 6개월이라는 시간이 걸렸다. 개인의 시간을 제대로 계획하고 활용할 수 있다면 다른 이야기가 되겠지만, 어디까지나 자신의 선택이라는 점은 명심하길 바란다.

같은 공부 방법의
합격 수기를 찾아라

직장인 공시생이었던 시절에는 실강을 들으러 갈 시간이 없고, 독학은 자신이 없었기에 효율적이라고 생각한 인강을 택했다. 공무원 시험에 대한 아무런 정보가 없었을 때에는 당연히 실강을 듣는 사람들만 합격하는 줄로만 알았다.

과연 인강으로 합격할 수 있을까에 대한 의문을 합격 수기를 통해서 해결했다. 인강만 듣고도 합격했다는 합격 수기가 많았다.

그러나 혼자 공부하다보니 외로움에 휩싸일 때도 있었
고, 과연 내가 지금 잘하고 있는 걸까 싶은 불안감이 들기
도 했다. 그럴 때에는 무료 특강이나 환경직 공무원 학원
특강을 들으러 갔다. 열심히 공부하는 공시생들을 보면서
다시 동기부여를 얻고 혼자 인강을 들으면서 공부했다.

  합격 수기 중에서는 독학으로 단기 합격에 성공한 사
례도 있었지만, 독학은 자신이 없었다. 앞서 나를 먼저 찾
고, 내 상황과 실력을 파악하고 나니 내게 맞는 방법은 인
강이었다. 시간을 효율적으로 쓸 수 있다는 점, 여러 번 들
을 수 있다는 점, 실강보다 저렴하다는 이유 등에서 인강
을 듣게 되었다.

비슷한 목표 기간, 생활 패턴의
합격 수기를 찾아라

    무조건 1년 6개월 안에 합격하는 것이 목표였다. 내가 목표한 수험 기간과 비슷하거나 빨리 합격한 사람들의 수기를 보면서 어느 기간 동안 어떤 공부를, 어떻게 집중해야 할지 도움 받을 수 있었다.

    첫 시험을 치르기 6개월 전까지 다섯 과목의 기본 이론 강의를 듣고, 공통과목을 2회독하는 것을 목표로 삼았다. 합격 수기에 보면 기본기가 없다면 문제 풀이를 하지 말라는 조언이 많았지만 시험일이 다가올수록 기본 개념 회독 보다는 문제 풀이를 해야 하는 것이 아닐까 조급한 마음이 들었다.

그러나 1년 6개월이라는 수험 기간을 설정했기에 6개 월은 기본기를 탄탄하게 잡는 데 집중해야 했다. 급하게 생각해서는 안 되고, 시험일이 다가오더라도 기본 개념만 큼은 내 페이스에 맞게 마무리해야 했다. 그래야만 두 번 째 시험에서 합격할 수 있다고 생각했다.

또한 나의 순공 시간(순수하게 공부만 한 시간)을 파악해 비 슷한 생활 패턴을 가진 합격 수기를 찾았다. 나와 비슷한 생활 패턴을 가진 합격 수기를 보며 하루 일과와 공부 시 간에 따른 계획을 어떻게 세워야 할지 도움을 받을 수 있 었다.

나는 직장인 공시생이었기에 일주일에 총 40시간을 공 부할 수 있었다. 평일 20시간은 새벽, 점심, 저녁 공부로 나눠서 매일 4시간씩, 주말 20시간은 토요일 12시간, 일요 일 8시간을 계획했다. 내가 할 수 있는 공부 시간을 파악하 고 왕복 출퇴근 3시간 중 최소 1시간은 집중 공부하며 순 공 시간을 더 늘렸다.

끝으로 합격 수기를 보면서 반드시 주의할 점이 있다. 합격 수기라 하여 모두 내게 도움이 되는 것은 아니다. 합격 수기를 통해 착각에 빠지는 지점 중 하나가 바로 나와 합격 수기 속 합격자를 동일시한다는 점이다.

나와 합격자는 다른 사람이다. 나와 똑같은 사람은 있을 수 없고 그렇기 때문에 합격 수기를 곧이곧대로 받아들여서도 안 된다. 나에게 맞는, 나에게 필요한 전략만 얻어 갈 수 있어야 한다.

합격 수기는 나를 공부하게 만들고 방법을 알려주는 동기 부여, 그 이상도 그 이하도 아니라는 것을 잊지 말기를 바란다.

직렬을 바꿔
관세직 공무원에 합격하다

❝ 중요한 것은 합격 전략이다 ❞

관세직 공무원이자 공무원 공부 유튜브 채널을 운영 중인 '사랑언니'입니다.

관세 직렬은 생소하다고 느끼는 사람들이 많을 거예요. 저도 관세직에 대해 전혀 아는 게 없는 상태에서 선택하게 되었답니다. 과거 커트라인, 경쟁률, 모집 인원 등을 따져봤을 때 세무직과 커트라인은 비슷한데 모집 인원은 더 많더라고요. 비록 관세직에 대해서는 잘 모르지만 '나에게 생소한 만큼 남들에게도 낯선 직렬일 거야'라고 생각하고 자신감을 가지고 지원하게 되었습니다.

저는 한국사에 정말 문외한이었어요. 태정태세문단세밖에 모르는 수준이었어요. 다른 과목들의 경우에는 단원별로 맺고 끊음이 있는데, 한국사는 전체 흐름을 알아야 이해하며 암기가 가능했어요. 한 문제에도 여러 시대의 상황이 섞여서 출제되니까요. 그렇게 첫 시험에서 한국사의 벽을 느끼고 한 달 동안은 한국사 기본 강의만 빠르게 훑었어요.

결국 다음 시험에서 한국사를 95점 받았어요. 모든 과목 중에서 한국사를 가장 잘 봤죠. 전체를 이해하니 부분적인 암기까지 더 잘돼서 고득점을 받을 수 있었던 것 같아요.

몇 가지 팁을 드리자면 빠른 합격을 위해서, 본격적으로 공무원 공부를 시작하기에 앞서 시험을 한 번 치르는 것을 추천해요. 현장감을 느껴보는 게 정말 큰 차이가 나거든요.

그리고 시험 한 달 전에는 시험일과 똑같이 스케줄을 만들어 몸을 적응시키는 것도 좋아요. 올빼미 스타일의 공시생도 있겠지만, 적어도 이때에는 아침에 머리가 깨어 있도록 몸의 사이클을 맞춰야 해요. 매일 아침 10시에 시험을 보는 것처럼 모의 테스트를 하고, 틀린 문제는 복습하는 식으로요.

마지막으로 공시생들에게 전하고픈 이야기가, 너무 긴장하면 실력 발휘가 안 돼서 절대 합격할 수 없어요. 어렵겠지만 오히려 마음을 좀 내려놓고 '공무원 시험이 내 인생의 전부가 아니야!'라는 마음으로 편하게 치렀으면 좋겠습니다.

자세한
인터뷰 내용이
궁금하다면?

3장

내일을 위한
오늘을 계획하다

직장인 공시생의
'40시간' 공부 시간표

보통 공시생들은 주 60시간을 공부해 1년 합격을 목표로 잡는다고 한다. 7월에 공부를 시작해 6월 합격을 목표로 공부하는 사람들이 많은데, 베이스가 탄탄해 6개월 안에 합격을 목표로 하는 사람도 봤다.

나는 직장인 공시생부터 시작했기 때문에 1년 6개월을 목표로 공부했다. 1월부터 시작해 6개월 동안은 기본 이론을 공부해야겠다고 생각했다.

그리고 본격적으로 전업 공시생이 되었을 때는 모든 면에서 이전 직장인 공시생과는 달라져야 했다. 상황에 맞게 확보 가능한 시간을 파악하는 것이 우선이었다. 그 후에 오직 공부에 몰입할 수 있는 시간, 자투리 시간을 나눠 계산했다.

첫 한 달 간은 계획한 대로 이루어지지 않고 시행착오가 많았다. 공부 습관이 잡히는 데에도 꽤 시간이 걸렸다.

아침 공부는 두 달째 되던 때부터 시작했다. 생각만큼 진도가 빠르게 나가지 않아 공부 시간을 더 확보해야 했기 때문이다. 처음에는 비어 있는 시간을 모두 공부 시간으로 계획에 넣었고, 한두 달 정도 계획한 대로 해보려 노력하면서 공부 시간을 수정해갔다. 시행착오를 겪으며 내게 맞는 완성된 공부 스케줄을 만들었다.

퇴근 후 공부 시간을 3시간 이상으로 계획했다. 퇴근해서 도서관에 도착해 오후 8시부터 11시까지 공부했다.

그런데 10시만 넘어가면 집중력이 흐트러지고 잠이 쏟아졌다. 하루는 침을 흘리며 꾸벅꾸벅 졸고 있는 내 모습을 발견했다. 다음 날 출근을 위해 커피를 마실 수도 없어서 오로지 정신력으로만 버텼는데 쉽지 않았다. 잠시 휴게

실에서 스트레칭을 하면서 정신을 가다듬어도 몰려오는 졸음을 쫓아내기란 역부족이었다.

10시 이후로 잠이 밀려오면 곧장 도서관에서 나왔다. 계획했던 시간에서 1시간이 빠지니 진도가 나가지 않았다. 직장인 공시생에게는 하루 중 10분도 아까운데, 무려 1시간을 버리는 셈이었다. 그 덕분에 잠은 더 잤지만 마음은 편치 않았다.

1시간 공부를 채울 수 있는 방법이 없을까 고민하다가 생각해낸 방법이 '출근 전에 공부를 해볼까?'였다. 저녁잠이 많은 편이라 차라리 아침에 집중해서 공부하는 편이 나을 것 같았다.

5시 기상을 목표로 일어나서 1시간 동안 공부했다. 아침에 할 일이 있으니 생각보다 아침에 일어나는 일이 그렇게 어렵지 않았다. 남들보다 조금 빨리 하루를 시작하니 집중도 더 잘됐다. 날이 갈수록 점차 공부해야 할 것, 복습할 양이 많아지고, 욕심이 생겨서 기상 시간을 조금 더 앞당겨 4시 30분부터 공부를 시작했다.

나만의 공부 방법을 차근차근 익혀갈수록 자투리 시간

에 잘 되는 공부 또한 알게 되었다. 짧은 시간에 암기할 수 있는 영단어를 보거나 자주 틀리는 문제들은 사진을 찍어서 자투리 시간에 풀이했다. 영단어의 경우 두꺼운 책이 아닌 어플로 암기하고 암기한 단어를 체크했다. 시간을 정해두고 30분 동안 2~30여 개의 단어를 암기했다. 어플로 간단하게 암기할 수 있어 자투리 시간에 활용하기 안성맞춤이었다.

3개월간 시행착오를 겪으며 4개월이 됐을 때부터 계획한 40시간 공부 시간표에 따라 공부했다. 40시간은 책상 앞에 앉아 온전히 공부에만 집중할 수 있는 시간을 계산해 넣었다. 출퇴근 이동 시간과 같은 자투리 시간은 유동적이기 때문에 순공 시간에 포함시키지 않았다.

평일에는 출근 전 새벽 공부 1시간 30분, 점심시간 30분, 퇴근 후 2시간. 하루에 4시간 총 20시간, 주말에는 토요일 12시간, 일요일 8시간 총 20시간을 계획해 일주일간 40시간을 공부했다.

시간	월	화	수	목	금	토	일
04:25 ~ 04:30	기상, 세면						
04:30 ~ 06:00	아침 공부						
06:00 ~ 06:30	출근 준비						
06:30 ~ 08:00	출근					기상, 세면 (06:30 ~ 07:00)	
						도서관 이동 (07:00 ~ 08:00)	
08:00 ~ 09:00	개인시간					오전 공부	
09:00 ~ 12:00	오전 업무						
12:00 ~ 12:30	점심 식사					점심 식사	점심 식사 (12:00 ~ 13:00)
12:30 ~ 13:00	점심 공부					오후 공부 (12:30 ~ 17:30)	오후 공부 (13:00 ~ 17:00)
13:00 ~ 18:00	오후 업무						
						저녁 식사 (17:30 ~ 18:30)	귀가, 세면, 휴식 (17:00 ~ 22:00)
18:00 ~ 19:30	퇴근, 도서관 이동						
19:30 ~ 20:00	저녁 식사					저녁 공부 (18:30 ~ 21:30)	
20:00 ~ 22:00	저녁 공부					귀가 (21:30 ~ 22:00)	
22:00 ~ 23:00	귀가, 세면, 취침					세면, 취침	취침

직장인 공시생의 일주일 40시간 공부 시간표

직장인 공시생의
'상반기' 계획표

공부 시간을 파악했다면 다음으로 공부 양을 계획해야 한다. 6개월 단위로 큰 목표를 정한 뒤 월별, 주별, 일별로 세세하게 계획을 세웠다.

1월부터 지방직 첫 필기시험이 있는 6월 중순까지 다섯 과목의 기본 이론을 모두 끝내는 것을 목표로 삼았다.

시험을 한 번 치른 뒤 점수를 보고 다시 전략을 짰다. 그래서 6월부터 12월까지는 여러 번 기본서와 기출 회독을 하고, 단원별 문제 풀이를 계획했다. 그리고 두 번째 시험까지 남은 6개월을 마무리 기간으로 삼아 기출, 요약서 회독 및 모의고사 풀이를 통해 85점 합격을 최종 목표로 설정했다.

처음 6개월간 지방직 필기시험 전까지의 목표는 '다섯 과목 이론 2회독'이었다. 공통과목인 국어, 한국사 이론은 2회독했고, 영어는 매일 영단어 100개 암기, 기초 강의 및 기출, 모의고사를 풀었다. 전공과목인 환경공학, 화학 이론은 시간이 모자라 2회독까지는 하지 못하고 1회독을 했다.

전공과목보다 공통과목의 양이 더 많고, 깊이도 있기 때문에 공부 시간이 상대적으로 더 오래 걸린다. 그래서 공통과목부터 이론을 봐야겠다고 생각했다. 양이 방대한 공통과목 점수부터 잡고 회동을 해야 했다.

전공과목은 대학생 때 공부한 적이 있었고, 수질은 산업기사 자격증을 가지고 있었기에 할 만했다. 시험 난이도가 대학 재학 당시 중간, 기말고사처럼만 공부해도 될 정도였다. 전공과목은 많은 시간을 들이지 않고도 충분히 점수를 낼 수 있었다.

☑ 1~2월 공부 시간표

> ▶ 목표
>
> · **국어** | 이론 100강
> · **영어** | 이론 20강 + 기출문제 풀이 + 영단어 3,000개

	출근 전 (04:30~06:00)	출근 중 (06:30~08:00)	점심시간 (12:30~13:00)	퇴근 중 (18:00~19:30)	퇴근 후 (20:00~22:00)
월	영어 1강	영단어 50개	영단어 50개	영단어 복습	국어 1.5강
화	영어 기출 문제 풀이				
수	영어 1강				
목	영어 기출 문제 풀이				
금	영어 1강				국어 1강
토	영어 기출문제 풀이, 영단어 복습 (08:00~12:00)		국어 3강 (12:30~17:30)	국어 2강 (18:30~21:30)	
일			국어 2강 (13:00~17:00)		

1~2월에는 영어와 국어 기초 이론을 중점적으로 공부했다.

국어는 기본 강의가 100강 정도라 퇴근 후 2개월간 공부하기로 계획했다. 영어는 두 달째 되는 2월에 아침 시간

을 이용해 공부를 계획했다. 2개월간 기초 이론 강의들을 들으면서 기출문제 풀이를 하고, 이론서와 기출문제에 나온 영단어와 보카바이블 영단어를 포함해 매일같이 하루에 100개의 영단어를 암기했다.

아침마다 영어 기초 이론 강의를 듣는 것이 쉽지 않았다. 워낙 노베이스이기에 강의를 듣는 것 자체가 힘들었다. 책에는 모르는 단어도 많았고, 영포자를 위한 강의가 아닌 공무원 기초 강의이기에 따라가기가 쉽지 않았다. 자투리 시간에 틈틈이 영단어를 암기했지만 주말이 되면 50퍼센트도 기억하지 못하는 경우가 대다수였다. 그래도 반복하면 된다는 믿음으로 영단어 책을 처음부터 끝까지 한 번은 공부하면서 최대한 외우는 것을 목표로 했다.

기출문제는 푸는 것이 아니라 거의 찍는 수준이었다. 기초 이론 강의와 기출문제 풀이를 병행한 공부법은 영어 노베이스인 내게는 절대 맞지 않는 공부 방법이었다.

국어는 계획했던 대로 퇴근 후 2시간 동안 강의를 듣고, 짧게나마 이전에 배웠던 내용을 복습했다. 빠르게 1회독을 하는 것이 목표였고, 주말에는 국어 공부에 중점을 두고 강의 수를 채우며 일주일간 배웠던 강의 내용을 바로 바로 복습했다. 따로 노트에 정리를 하지는 않고 이론서에 필기된 내용을 복습하고 틀린 문제를 반복해 풀었다. 다행히 국어는 계획한 기간 내에 목표한 대로 기본서 완강을 할 수 있었다.

☑ 3~4월 공부 시간표

▶ 목표
- **영어** | 기출 24강 + 영단어 2,000개
- **한국사** | 이론 70강

	출근 전 (04:30~06:00)	출근 중 (06:30~08:00)	점심시간 (12:30~13:00)	퇴근 중 (18:00~19:30)	퇴근 후 (20:00~22:00)
월	영어 기출 0.5강, 영어 기출문제	영단어 50개	영어 기출 0.5강	영단어 복습	한국사 1강
화					
수					
목					
금					
토	영어 기출 복습, 영단어 50개 (08:00~12:00)		영어 복습, 한국사 2강 (12:30~17:30)	한국사 2강 (18:30~21:30)	
일			영어 복습, 한국사 2강 (13:00~17:00)		

3~4월에는 영어 기출문제 풀이와 한국사 이론 1회독을 목표로 공부 계획을 짰다.

영어는 출근 전에 기출문제를 풀고 풀이 영상을 보면서 공부했다. 영어 기출을 풀면 3~50점 정도여서 강의에 의존하면서 문제를 다시 공부해야 했다.

기출문제에 나오는 단어 중 모르는 단어 50개를 정해서 출근길에 암기했다. 공무원 기출 영단어는 특히나 암기하기 어려운 단어들이 대부분이어서 50개를 완벽하게 암기하기가 어려웠다. 그래도 퇴근길을 복습시간으로 활용하면서 더 정확하게 영단어를 암기할 수 있었다.

한국사는 2개월간 기본 이론 70강 완강을 목표로 퇴근 후 2시간 공부를 계획했고, 주말에는 6강을 목표로 강의를 들었다. 그리고 이론서를 다시 보면서 일주일간 배운 내용을 복습했다. 강의 수는 그렇게 많지 않았지만 암기할 양이 많아 근현대사로 갈수록 복습해야 하는 시간이 늘어났다. 한국사는 1회독하며 완벽한 암기를 하는 것이 목적이 아닌 완강을 하는 것이 목표였다.

☑ 5~6월 공부 시간표

▶ 목표
- **국어** | 2회독
- **영어** | 하프모의고사 20강 + 영단어 1,000개
- **한국사** | 2회독
- **환경공학** | 이론 84강
- **화학** | 이론 16강

	출근 전 (04:30~06:00)	출근 중 (06:30~08:00)	점심시간 (12:30~13:00)	퇴근 중 (18:00~19:30)	퇴근 후 (20:00~22:00)
월	영어 하프모의고사 1강	영단어 50개	국어 1강	국어 1강	환경공학 2강
화			한국사 1강	한국사 1강	
수			국어 1강	국어 1강	
목			한국사 1강	한국사 1강	
금			국어 1강	국어 1강	화학 2강
토	영어 하프모의고사 1강, 영단어 50개 (08:00~12:00)		환경공학 4강 (12:30~17:30)	화학 2강 (18:30~21:30)	
일	국어 2강, 한국사 2강 (08:00~12:00)		환경공학 3강 (13:00~17:00)		

5~6월 중순 동안에는 시험 전까지 다섯 과목을 1회독 이상 하는 것이 목표였다. 6월 중순에 있을 첫 시험에서 다

섯 과목 70~75점을 목표로 공부했다. 첫 시험을 한 달 반 앞둔 시점에서 규칙적으로 계획한 공부를 실천해나갔다.

아침에는 영어 강의, 출근 중에는 단어 암기, 점심시간 과 퇴근 중에는 이론 복습을 했다. 퇴근 후에는 환경공학, 화학 이론서 강의로 시험 전날까지 1회독을 마무리했다.

영어의 경우 주 6회 하프모의고사를 풀고, 강의를 들으 며 오답 풀이를 했다. 하프모의고사도 내게는 너무나 난이 도가 높았다. 점수는 오르지 않았지만 20강 완강을 목표로 삼았다. 영단어는 모의고사에 나온 단어들 중 모르는 단어 들을 추린 후 그날그날 암기했다.

국어와 한국사는 기본서를 보면서 2회독을 했고, 부족 한 부분은 인강을 다시 들으며 복습했다.

전공과목인 환경공학과 화학은 이론 강의를 들으며 1 회독을 했다. 이론 문제집에 있는 문제를 풀면서 개념을 다시 익혔다. 대학생 때 시험공부를 했던 것처럼 중요한 부분을 중점적으로 암기했다. 이론서에도 기출문제가 있 어 난이도 조절을 하면서 공부했다.

직장인 공시생의
'하반기' 계획표

    첫 필기시험을 치르고 7월 한 달간은 휴식 시간을 가졌다. 직장을 다니면서 공부를 병행하는 것이 힘에 부친 시기였다. 한 달 정도 쉬면서 다시 마음을 다잡아야 했다. 2보 전진을 위한 1보 후퇴였다.

    원래는 6월까지 회사를 다니고 직장인 공시생활을 접기로 결심했다. 6개월 동안 일과 공부를 병행하다 필기시험을 치른 뒤 바로 퇴사를 하고 1년 동안 전업 공시생으로 지내려 했다.

그런데 생각보다 필기 점수가 괜찮게 나왔다. 이대로라면 직장인 공시생활을 조금 더 해도 되겠다는 판단이 들었다. 그래서 직장인 공시생 5개월 계획을 다시 세웠다.

첫 필기시험 평균 점수는 68점이었다. 목표 점수인 70~75점보다 낮은 점수였지만 나름대로 만족했다.

영어는 과락을 면했고, 다른 과목들은 예상보다 꽤 괜찮은 점수를 받았다고 생각했다. 이제 영어만 극복하면 된다고 생각하고 영어 공부에 공을 들여 처음부터 다시 계획했다.

☑ 8~12월 공부 시간표

▶ 목표
- **국어** | 마무리 30강 + 특강 20강 + 기출 강의
- **영어** | 기초 강의 3회독 + 영단어 4,000개
- **한국사** | 마무리 30강 + 특강 20강 + 기출 강의

	출근 전 (04:30~06:00)	출근 중 (06:30~08:00)	점심시간 (12:30~13:00)	퇴근 중 (18:00~19:30)	퇴근 후 (20:00~22:00)
월					한국사 1강
화					국어 1강
수	영어 1강	영어 복습	영단어 50개	국어 0.5강	한국사 1강
목					국어 1강
금					한국사 1강
토	영어 2강, 영단어 50개 (08:00~12:00)		국어 3강 (12:30~17:30)		한국사 2강 (18:30~21:30)
일			한국사 3강 (13:00~17:00)		

8~12월 동안은 영어는 기초 이론, 국어와 한국사는 이론 마무리 특강과 기출 강의를 중점적으로 들었다.

영어는 다시 처음으로 돌아와 완전 기초 강의를 들었다. 문제 풀이보다는 기초 개념부터 다시 시작해야 했다.

이전에 문제를 풀었을 때는 내가 공부했던 문제인지 처음 보는 유형의 문제인지조차 구분할 수 없었다. 그런데 기초 중의 기초, 소위 말하는 생기초 강의를 듣고 난 후로는 내가 아는 문제인지 모르는 문제인지 구분할 수 있었다. 문제를 맞히는 것보다 중요한 것은 '내가 이 문제를 알고 푸는가, 모르고 푸는가'이다. 기초가 완벽하게 암기될 때까지 최소 3회 이상씩 강의를 회독해서 들었다. 그렇게 부족했던 기초를 채워가면서 영어를 공부하는 아침 시간에 마음이 조금은 가벼워졌다.

국어는 자투리 시간에도 강의에 충분히 집중할 수 있었다. 기출문제를 풀 때도 점심시간을 이용해 20분 동안 풀어 채점하고 모르는 부분은 체크해둔 뒤 퇴근 후 이동 시간 때 강의를 들었다. 점심시간이나 퇴근 후 이동 시간에 피곤해서 잠을 자느라 국어 공부를 종종 건너뛸 경우에는 일요일에 못다 한 공부를 보충했다.

자투리 시간에 공부가 가능했던 국어에 비해 흐름을 이해하면서 공부해야 하는 한국사는 퇴근 후에 2시간을 투자해 공부해야 했다. 한국사는 마무리 강의 30강을 계획하고, 올인원 강의 중 다시 들어야 하는 내용을 추려서 들었다. 그 후에 기출문제를 풀면서 기출 강의를 듣고 다시 한 번 부족한 파트의 기본 이론을 공부했다.

전업 공시생의
'70시간' 공부 시간표

    퇴사 후 전업 공시생이 되어 남은 6개월 동안의 큰 계획을 세웠다. 평일에는 하루 12시간, 주말에는 10시간으로 공부 시간을 계획했다.

    직장인 공시생 생활은 끝냈지만 전업 공시생이 되어서도 여전히 공부 시간을 파악한 뒤 공부 양을 계획하는 순서는 같았다. 공부 양보다는 공부가 가능한 시간을 먼저 계산하고, 그 안에서 자투리 시간을 나누어 시간마다 알맞은 공부 양을 계획해갔다.

그러나 직장인이었을 때와 전업 공시생이 되어서의 공부 루틴은 달라야 했다. 물론 매일 계획된 시간과 공부 양을 지키기가 어려웠다. 하지만 직장인 공시생이었을 때와 비교해 공부 양과 시간을 많이 늘려야 한다는 부담감을 잔뜩 짊어지려 하지는 않았다. 계획의 80퍼센트를 지키는 것을 목표로 삼고 전업 공시생 생활을 시작했다.

지치거나 공부에 허덕이지 않고 꾸준히 루틴을 지키는 것이 내게는 더욱 중요했다. 그러다 공부가 잘 되지 않는 날은 5~10분 정도 더 책을 보다가 그래도 집중이 안 될 것 같다는 판단이 들면 집으로 가서 잠을 자거나 휴식을 취했다.

월요일부터 수요일까지 계획한 시간대로 12시간을 공부했고, 주말이 다가올수록 저녁이 되면 12시간 공부 시간을 못 채웠음에도 한두 시간 전쯤 집에 갈 때도 있었다. 이러한 경우 부족한 공부 양은 일요일 오전 시간에 채웠다. 일요일 오후만큼은 온전한 휴식을 취하기 위해 오전에 시간을 할애해 모자란 공부 시간을 메워야 했다.

시간	월	화	수	목	금	토
07:00 ~ 07:30	기상, 세면					
07:30 ~ 08:00	도서관 이동					
08:00 ~ 12:00	오전 공부					기상, 세면 (08:00 ~ 08:30)
						도서관 이동 (08:30 ~ 09:00)
						오전 공부 (09:00 ~ 12:00)
12:00 ~ 13:00	점심 식사					점심 식사
13:00 ~ 18:00	오후 공부					오후 공부
18:00 ~ 19:00	저녁 식사					저녁 식사
19:00 ~ 22:00	저녁 공부					저녁 공부 (19:00 ~ 21:00)
						귀가, 세면 (21:00 ~ 22:00)
22:00 ~ 22:30	귀가					휴식, 취침
22:30 ~ 23:00	세면, 취침					

전업 공시생의 일주일 70시간 공부 시간표

전업 공시생의
공부 계획표

12월 말에 퇴사를 하고 1월부터 본격적으로 주 70시간 공부를 했다. 의외로 직장에 다니면서 공부하는 것보다 어려운 점도 있었다.

매일 새로울 것 없이 도서관에 앉아 공부하기가 처음에는 어려웠다. 출퇴근 이동 시간처럼 자투리 시간도 적었고, 활동적인 성격이라 앉아서 온전히 공부해야만 하는 것이 답답하게 느껴지기도 했다.

갑자기 공부할 시간이 많아져 아침에 일어나는 시간도 뒤죽박죽이었다. 출근할 때는 정해진 시간이 있었는데 스스로 계획해서 일어나려니 쉽지 않았다. '차라리 새벽에 더 자고 컨디션이 좋은 오전에 몰아서 공부하자'라는 마음이 들기도 했다.

아침 기상 시간을 일정하게 맞추기 위해 독서실 총무 아르바이트도 했다. 돈도 벌면서 공부도 할 수 있었다. 아침 8~9시에 청소를 한 뒤 오전 공부를 시작했다. 아침에 몸을 움직이니 컨디션도 살아났고 잠도 깰 수 있었다. 3개월 동안은 독서실 총무 아르바이트를 하면서 독서실 다닐 돈을 절약할 수 있었다. 성향상 도서관보다 독서실이 집중이 더 잘 됐다.

아침 기상이 힘들다면 독서실 총무 아르바이트와 같은 반드시 일어나야 하는 수단 만들기를 추천한다. 아침에 출근하려면 일정하게 일어나야 하기 때문에 저절로 아침 루틴을 만들 수 있는 장점이 있다.

두 번째 시험을 앞둔 마지막 6개월 계획 중 2개월은 공통과목 국어, 영어, 한국사 공부로 계획했다.

전공 두 과목은 3개월 반 동안만 공부해도 가능한 분량이기에 2개월 동안 공통과목에 더 집중했다. 영어는 기출과 모의고사를 풀 때마다 매번 50점 정도여서 아직 문제 풀이를 하기에는 부담스러웠다. 그래서 문법, 독해, 생활영어 등 영어 기본 이론을 들었다. 이외 국어, 한국사는 단원별 문제 풀이를 하면서 기본 이론을 한 번 더 회독해서 빈틈을 채웠다.

시험까지 남은 3개월 반 동안에는 전체 다섯 과목을 문제 풀이하고 여러 번 회독했다. 모의고사를 보고 점수가 목표만큼 나오지 않으면 불안하기는 했지만 그럼에도 부족한 부분을 메운다는 마음으로 최대한 흔들리지 않게 마음을 다잡고 모의고사를 풀며 개념을 확실히 채웠다.

시간이 흘러 시험이 한 달 앞으로 다가왔다. 마지막 한 달은 합격 여부를 결정 짓는다고 해도 과언이 아닐 만큼 정말 중요한 기간이다. 이때에는 새로운 교재를 살피기보다는 기본서 요약이나 단권화한 노트를 보며 회독했다.

평일에는 계획한 대로 과목별 공부 시간을 지켰고, 한 과목당 3시간씩 회독하면서 단권화 노트나 요약집을 봤다. 그리고 주말에는 실제 시험기간에 맞춰 다섯 과목 100문제 기출문제 풀이를 하거나 모의고사 문제 풀이를 했다.

☑ 1~2월 공부 계획표

> ▶ 목표
> · **국어** | 단원별 문제 풀이 + 5회독
> · **영어** | 기본 강의 3회독 + 영단어 2,000개
> · **한국사** | 단원별 문제 풀이 + 5회독

	월	화	수	목	금	토
오전 (08:00~12:00)			영어 3강			
오후 (13:00~15:00)			영단어 100개			
오후 (15:00~18:00)			한국사 2강			
저녁 (19:00~22:00)			국어 2강			

전업 공시생이 되고 1~2월 동안 영어는 기본 이론 강의 3회독, 국어와 한국사는 단원별 문제 풀이와 이론 5회독을 목표로 삼았다.

영어는 기초를 모두 회독한 후에 기본 이론을 들었다. 차근차근 이론 개념을 쌓아가다 보니 점점 자신감이 붙었다. 오전 3~4시간 동안 기본 영어 강의를 듣고 점심을 먹

은 후 기출 영단어를 100개씩 암기했다. 틈틈이 짬이 나는 시간에는 영단어 어플을 통해 하루 동안 암기한 단어를 체크했다.

한국사는 영어 공부 후에 오후 3시간 동안 단원별 문제 풀이를 하며 인강을 들었다.

국어는 저녁 식사 후에 공부했다. 한국사와 마찬가지로 3시간 동안 단원별 문제 풀이를 하며 인강을 들었다. 인강을 듣고, 단원별로 모르는 개념을 다시 기본서로 회독하며 탄탄하게 개념을 잡아나갔다. 여러 번 회독하면서 부족한 부분이 채워지고 실력이 쌓이는 기분을 느낄 수 있었다.

매주 토요일까지 6일 동안 스케줄을 반복했다. 6일 동안 일주일간 계획했던 공부 분량의 80퍼센트 이상을 달성해야만 일요일에 휴식을 취할 수 있도록 기준을 세웠다. 기준에 도달하지 못했다면 일요일에 시간을 할애해 못다 한 공부를 마저 했다. 월요일부터 일요일까지 일주일간 쉬는 날 없이 공부하기란 힘들었다. 분명 휴식 시간도 필요했기에 일요일에는 되도록 휴식을 취하고자 토요일에 계획한 분량을 모두 끝내려 늦게까지 공부한 적이 많았다.

☑ 3~6월 공부 계획표

	월	화	수	목	금	토
오전 (08:00~12:00)	영어 2강					영어 또는 5과목 문제 풀이
오후 (13:00~15:00)	영단어 100개					환경공학 1강, 화학 2강
오후 (15:00~18:00)	한국사 회독	국어 회독	한국사 회독	국어 회독	한국사 회독	
저녁 (19:00~22:00)	환경 공학 2강	화학 2강	환경 공학 2강	화학 2강	환경 공학 2강	

시험 전까지 3개월 반이 남은 시점에서 마무리 문제 풀이와 반복 회독을 목표로 시험을 준비했다.

영어는 기본 개념을 모두 끝낸 후 아침마다 기출 문제나 모의고사를 풀었다. 영단어는 하루에 꼬박꼬박 100개씩 암기했다. 아무리 반복해도 도통 외워지지 않는 단어들은 끝까지 붙들고 있기보다는 헷갈리는 단어를 위주로 암기하고 복습했다.

국어와 한국사는 오후 시간에 모의고사를 풀면서 실전 감각을 익혔다. 오답노트까지는 아니었지만 빈출되는 문제 유형 중 자주 틀리는 문제들의 이론, 개념을 적어두었다. 그렇게 시험 전날에 마지막으로 살펴볼 수 있는 노트를 만들어두었다.

모의시험을 볼 때마다 국어는 합격권에 들어가는 점수가 나왔고, 한국사는 근현대사 이후에 해당되는 문제가 많이 출제될수록 점수 편차가 컸다. 그래서 추가로 기출 선지로 된 ○× 문제집을 풀었다.

환경공학과 화학은 기출 및 문제 풀이 강의를 들으면서 공부를 마무리했다. 빈출 문제들의 개념을 복습했고, 틀린 문제들은 다시 풀어보면서 여러 번 기본 회독을 했다.

D-30, 10점을 올릴 수 있는
합격 전략

　수능도 시험일이 다가올수록 그에 맞는 공부 방법과 컨디션 관리를 다르게 하는 것처럼 공무원 시험에서도 남은 시험 기간에 따라 공부 방법과 계획을 다르게 세워야 한다.

　시험 한 달 전부터 철저하게 계획해 최상의 컨디션으로 임한다면 분명 합격이라는 간절한 꿈을 반드시 이룰 수 있을 것이다.

☑ 목표 점수에 맞게 공부하라

합격 목표 점수가 90점인데, 지금 내 평균 점수는 80점이라고 가정해보자. 어떻게 80점을 유지하면서 10점을 더올려서 목표 점수인 90점에 도달할 수 있을까?

우리는 기출을 보든, 모의고사를 보든 같은 단원에서 비슷한 유형의 문제를 반복적으로 틀린다는 사실을 알 수있다. 그렇다면 가장 먼저 할 일은 그 단원의 약한 부분을 파악해 단원 기출문제집과 요약서로 채워나가는 것이다. 그리고 일주일에 과목별로 한두 번 전체 기출문제를 풀면서 아는 문제도 함께 봐가며 시험 감각을 익혀야 한다.

내 경우 현재 점수를 유지하기 위한 공부 30퍼센트, 10점을 올리기 위한 단원 공부 70퍼센트의 비중으로 공부해 목표 점수를 이루었다.

실수를 줄이며, 자신이 약한 단원을 파악해 집중 공부하는 것이 시험 한 달 전 10점을 껑충 뛸 수 있는 비결이라 하겠다.

☑ 시험 당일 계획을 세워라

대부분 합격자들은 시험 당일을 위한 계획을 세운다. 나는 거꾸로 돌아가서 시험 당일에 무엇을 공부할지 계획을 세웠다. 시험 전날에 여러 권의 책이 아닌 요약서만 한눈에 볼 수 있게 세팅해놓았다. 요약서는 기존에 보던 요약서나 부족한 단원을 공부하면서 내 나름대로 아주 간단하고 보기 편하게 만든 요약서로 회독할 양을 줄여서 봤다.

시험을 치르기 직전까지도 부족한 부분의 내용들을 살펴봤다. 첫 과목이 국어이니 바로 암기해서 풀 수 있는 것들은 마지막에 보았다. 한문, 사자성어는 기출만 봐왔기 때문에 추가로 1분 만에 볼 수 있는 한자, 사자성어들을 보고 바로 시험을 치렀다.

이렇게 시험 당일 계획을 세워두어야 당황하지 않고 시험 직전까지 순조롭게 공부를 마무리할 수 있다.

D-1, 시험 당일을 위한
마무리 계획

시험 전날, 시험 당일에 벌어질 수 있는 모든 경우의 수를 이미지 트레이닝했다. 아침에 일어나 무얼 먹을지부터 시작해 준비물은 무엇을 챙겨 갈지, 몇 시에 시험장에 도착할지, 시험 직전에는 어떻게 할지, 마킹은 어떻게 마무리할지 세세하게 계획했다.

모든 상황에 대비하고 마음을 다잡아야 시험 당일에 당황하지 않고 갈고닦았던 실력을 발휘할 수 있다.

☑ 몇 시에 일어나 무얼 먹을지 정하자

시험 당일, 6시에 일어나 평소에 먹던 속 편한 아침을 먹고 8시에 시험장에 도착했다. 시험장에 한 시간 전에 미리 도착하기 위해서는 몇 시에 일어나야 하는지, 무엇을 먹고 시험을 치르러 갈 것인지 정해보기를 바란다.

☑ 준비물은 전날 챙겨놓자

수험표와 신분증, 컴퓨터용 사인펜, 수정펜, 연필, 펜, 빨간 펜, 지우개 등의 필기구, 시험 당일에 공부할 기본서, 노트, 바람막이, 혹시 비가 올지도 모르니 우산까지 빠짐없이 전날 챙겨놓았다. 일기예보도 꼼꼼히 챙겨보았다. 시험 당일 필요하다고 생각되는 것이라면 다 챙겨가는 것이 좋다.

☑ 최소 시험 한 시간 전에는 입실하자

시험장에 한 시간 전에 입실해 지정된 자리에 앉아 책상에 시험 전 마지막으로 살펴볼 책들을 순서대로 올려놓았다. 그 후 잠시 화장실을 다녀오고, 간식을 먹으며 상황을 둘러봤다. 그렇게 시험장에 적응하는 데 20분 정도가 걸렸다. 이후 전공과목 두 과목을 20분 동안 빠르게 암기하고, 시험 첫 과목인 국어를 공부했다. 빠르게 암기해서 바로 풀 수 있도록 단기 암기가 가능한 것들을 위주로 봤다. 한자, 사자성어도 이 시간에 빠르게 훑어보았다.

감독관이 시험 시간이 되었으니 책을 덮으라고 말하면 공부했던 것들을 하나씩 떠올리며 마지막까지 확인했던 공부 내용을 잊지 않으려 했다. 또한 공부하면서 자주 실수했던 포인트들을 생각하며 시험을 앞두고 마음을 가라앉혔다. 예를 들어 '다음 중 옳은 것은?' 또는 '옳지 않은 것은?'이라는 문제를 풀 때 꼼꼼히 살펴보지 못해 반대로 답을 체크하는 경우가 종종 있어서 시험에 들어가기 전 'O×를 치면서 해야지' 하며 속으로 주의를 주었다.

☑ 첫 과목과 마지막 과목은 편한 과목을 선택하자

첫 과목인 국어는 좋아하는 과목이었기에 지문이 길어 잘 읽히지 않더라도 방금 전에 암기했던 것들, 간단한 문제들을 먼저 풀면서 워밍업을 하고, 긴 지문 문제를 풀었다. 그렇게 시험의 집중도를 높인 후 영어, 한국사를 풀고 마지막에 조금은 편한 전공과목을 풀었다. 환경공학은 단답형 문항이 많아 빠르게 풀 수 있고, 화학은 계산 연습을 많이 해두었기에 쉽게 풀 수 있었다.

☑ 모르는 문제는 붙잡지 말고 넘어가자

모르는 문제에 맞닥뜨렸을 때 과감히 다음 문제로 넘어갔다. 모르는 문제 앞에서 바로 넘어가는 결단력은 쉽게 습관이 들여지지 않기에 모의고사를 풀면서 연습했다. 한 문제에서 1분 이상 시간을 할애하게 되면 쉬운 문제 여러 개를 날릴 수 있다. 헷갈리는 문제의 경우 △ 표시를, 다시 돌아와 두 번째 봤는데도 헷갈린다면 첫 번째 생각했던 답을 그대로 밀고 나갔다. 그러나 두 번째 볼 때 다른 정답이 보이는 경우, 더는 고민하지 않고 그 답을 곧장 답안지에 마킹했다.

시험이 어렵다고 당황하지 말자. 시험 난이도는 수험생 대부분이 비슷하게 느낀다. 멘탈을 잡고, 끝까지 풀고, 실수하지 않고 마킹하는 것이 시험 당일에 해야 할 목표다.

모르는 문제는 체크한 뒤 넘어가고, 15분을 남겨두고 아는 문제들만 풀었다. 그리고 10분 동안 마킹을 하고, 모르는 문제는 남은 5분 동안 고민하면서 시험 시간 1분 전까지 마킹을 완료했다.

점수를 올리는
시험 전날 계획

용기 있는 자만이
포기할 수 있다

❝ 영어 100점을 받았지만 공무원 시험을 그만두었다 ❞

직장인이자 취미로 유튜브 채널을 운영 중인 '메리쥴리'입니다.

저는 교육 행정직을 목표로 2년 동안 공부한 후에 2018년에 공시생을 포기하고 다양한 도전을 하다가, 현재는 교육회사의 공무원 수험 채널 기획 업무를 담당하고 있습니다.

교육 행정직에 응시해 마지막으로 받았던 점수가 총 395점 정도로 커트라인 근처였던 걸로 기억해요. 영어 100점을 받고, 나머지 과목들은 80점대 후반이었어요. 아슬아슬하게 불합격 점수를 받고 나서 한 번 더 도전할 수 있었겠지만, 시험을 포기했습니다.

시험을 그만두기 전에 스스로에게 세 가지를 물어보았어요.

'미련 없이 그만둘 수 있을까?', '지금 상태에서 공부를 계속할 수 있을까?', '만약 한 번 더 도전했지만 1년 뒤에도 불합격한다면 그런 나를 감당할 수 있을까?'

이 질문들을 던져보니 모두 '아니다'라는 답이 나왔죠. 공무원 시험에 처음 뛰어들었던 26살의 나는 미래에 대한 특별한 계획 없이 오로지 합격 하나만을 바라보았어요. 그러나 28살이 되어 불합격이라는 결과를 받게 되자 앞으로의 1년, 더 먼 미래까지 생각하지 않을 수 없게 되었죠.

마침내 결심이 서고 '20대가 끝나기 전에 다른 많은 경험을 해보자'라는 마음이 굳었습니다.

처음에는 후유증에 시달리면서 정말 힘들었어요. '내가 과연 사회에서 쓸모 있는 존재가 될 수 있을까?' 하는 생각이 머릿속에 가득 찼죠. 주변 친구들을 보면 사회생활을 하면서 자신의 자리를 잡아가는데, 남들에게 뒤처져서 나만 아무것도 없는 것 같았어요.

하지만 불안에 휩싸여서는 안 됐기에 비교 대상을 남이 아닌 어제의 나로 두고 생각을 달리했어요. 조급함을 버리고 나 자신과 마주하며 그간의 내 모습을 되돌아보았어요.

한 달여 간 내가 무엇을 해왔고, 무엇에 흥미가 있고, 무엇을 잘할 수 있을지 끊임없이 고민하는 것으로 하루를 보냈어요. 또한 당시 나를 믿어준 가족들 덕분에 후유증을 극복할 수 있었는데, 그중에서도 '사소한 것부터 차근차근 성취하는 기쁨을 느껴봐'라는 동생의 조언이 가장 큰 힘이 되었어요.

공무원 시험을 포기한 것에 대해 전혀 후회하지 않아요. 그만큼 미련 없이 열심히 공부했고, 열심히 고민해 내린 결정이었으니까요. 그리고 시험을 포기하고 나 자신을 돌아볼 수 있는 기회와 새로운 것들에 도전할 수 있는 용기를 얻었어요.

만약 공시생을 포기한 사람이라면 그동안 정말 고생했다고 말해주고 싶어요. 시간을 낭비했다고 생각할지도 모르겠지만 그간 공부한 시간이 절대 헛되지 않았다고 생각해요. 앞으로 인생의 방향은 여러분이 지금 어떻게 마음을 먹느냐에 따라 달라질 수 있으니까요.

일단 시험을 포기하고 현실적으로 지금 공백기가 생겼으니 눈에 띄는 성과가 나오지 않더라도 내가 좋아하는 것을 하나하나씩 찾아보면서 그중에서도 잘할 수 있는 것들을 찾아 선택해 나아갔으면 좋겠어요. 주위에서 나이가 많다느니, 이미 늦었다느니 하는 말을 듣더라도 전혀 개의치 않았으면 해요. 포기하고 말고는 내가 결정하는 거잖아요. 옆에서 하는 말은 신경 쓰지 마세요. 인생은 길고, 공무원이 인생의 전부는 아니에요. 희망을 잃지 않았으면 좋겠습니다. 파이팅.

자세한
인터뷰 내용이
궁금하다면?

4장

노베이스도
충분히
할 수 있다

'어떻게' 공부할 것인가

공부법을 선택할 때 가장 중요한 점은 나의 공부 베이스 상태를 아는 것이다.

나는 지독한 노베이스 상태에서 무작정 공시에 도전했다. 그 안에서 겪은 시행착오의 과정 속에서 깨달은 공부법이 공시생들에게, 특히나 노베이스의 공시생들에게 도움이 될 것이라고 생각한다. 또한 수많은 합격 수기를 분석하고 인터뷰하면서 얻게 된 합격자들의 공통된 공부법들도 덧붙였다.

공통과목인 국어, 영어, 한국사 공부법에 대해 소개하고자 한다. 과목별 공부 순서, 회독법, 출제 비중, 파트별 공부법 및 문제 풀이 등 나의 공부 방법과 합격자들의 공통점을 모았다.

공통과목 공부법은 크게 기출 파악, 기본서 회독, 기출 문제 풀이로 나뉜다.

☑ 기출부터 파악하자

공부를 시작할 때 기출을 파악해야 중요한 개념을 여러 번 회독할 수 있다. 우리는 합격을 위한 공부를 해야 한다. 빠르게 합격하기 위해서는 기출을 파악해 비중이 높은 파트를 우선순위로 알고 있어야 한다.

기출에 출제된 것들을 각 단원별로 기출 3개년의 비중을 먼저 파악하고, 비중이 높은 단원과 빈출은 기본서 1회독을 할 때 체크해두었다. 보통 교재 앞부분에 3개년 단원별 기출 비중이 나와 있다. 1회독 시 단원별 출제율과 문제 개수를 파악하여 우선순위를 두고 공부했다.

기본서는 양이 많고, 1회독을 할 때 모두 암기할 수 없기 때문에 시험에 나왔던 개념들을 위주로 먼저 암기했다. 그래야 점수가 꾸준히 오른다.

1회독에서 기출 출제된 개념들만 이해하고 암기하더라도 기출을 풀었을 때 점수가 꽤 나온다.

처음부터 기본서의 모든 내용을 이해하고 암기하기보다는 빈출 위주로 집중 공부했다. 그렇게 하면 2회독을 할 때 중요한 개념은 두 번 보게 되고, 상대적으로 덜 중요한 개념은 다시 이해하고 암기하면서 채워나갈 수 있다.

빈출 위주로 기본서를 2회독하면 더 빠르게 안정된 점수를 받을 수 있다. 출제 비중이 높은 우선순위 개념부터 채워나가야 합격 점수에 빨리 정착할 수 있다는 사실을 기억하자.

기출이 정말 답일까? 국어, 한국사의 경우 기출이 고득점을 위한 방법이지만 영어는 다른 과목들보다 더 뚜렷하게 공시생 저마다의 수준이 다르기 때문에 처음부터 기출을 해야 한다고 권하고 싶지는 않다.

내가 선택한 국어 교재의 경우 기본 이론 내용 전에 3개년 기출 빈도가 나와 있어서 중요도를 파악하는 데 도움이 되었다. 한국사도 기출 빈도가 나와 있는 책을 선택했다.

영어의 경우에는 노베이스임에도 기출 문제부터 풀었다. 하지만 앞서 밝혔듯이 영어는 각자 수준이 다르기 때문에 기출 문제부터 풀다가 생기는 문제점들이 있었다. 이후에 더 자세히 이야기하겠지만 영어가 노베이스라면 기본 이론부터 공부한 후에 기출을 푸는 것이 좋다.

☑ 회독이 중요하다

회독을 하는 이유는 기본서의 양이 너무나도 방대하기 때문이다. 보통 일반행정직은 공개 채용 시 다섯 과목을 공부해야 하는데 1회독으로 합격하기는 매우 어렵다.

1회독에서는 전체 분량을 공부하되 기출에 출제된 것들을 우선순위로 두고 암기해야 한다. 중요한 포인트는 기출을 기반에 둔 1회독이다. 나 또한 기본 강의를 들으며 1, 2순위를 봤다. 3회독부터는 1, 2순위뿐만 아니라 부족한 부분들을 채워나가면서 암기했다. 중요한 개념부터 집중 공략하여 공부해야 빠르게 합격할 수 있다.

시험 당일에 봐야 할 내용을 최소화하기 위해서도 회독은 꼭 필요하다. 회독하면서 점점 회독할 공부의 양을 줄여나갔다. 빈출, 기출 개념을 먼저 암기하고, 그 외에 개념 이해가 덜 된 내용들을 추렸다.

회독을 하다 보면 정확히 암기가 되지 않아 자주 틀리

는 개념들이 있다. 빈출인데 암기되어 있지 않았다면 시험 당일까지도 암기하고, 기출에 나온 개념이 아니라면 과감히 버렸다. 그렇게 공부 양을 줄여나가며 시험 당일에 맞춰 회독할 양을 정해두었다.

☑ 내게 맞는 강사를 찾아라

나에게 꼭 맞는 강사를 단번에 찾으면 좋겠지만 생각만큼 쉬운 일이 아니다. 그렇기에 여러 강사들의 무료 강의를 들어보고 선택해야 한다.

공통과목 강의를 최대한 한곳에서 듣기 위해 같은 사이트에서 다른 강사들의 무료 특강을 들었다. 그런데 세 과목 모두 딱 맞는 사이트는 없었다. 각 사이트에서 마음에 드는 강사가 한 명씩 있었다. 다들 열정이 넘치고, 자신의 노하우를 쏟아 가르쳐주지만 결국 나와 잘 맞는 강사는 따로 있었다.

학창시절에도 나와 잘 맞는 선생님이 있었고, 그 과목은 성적이 다른 과목에 비해 높았다. 그래서 '나와 맞는 선생님=내가 좋아하는 선생님'이라는 생각이었고, 이것이 어떤 강의를 들어야 할지 선택하는 데 있어 첫 번째 기준이었다. 아무리 1타 강사일지라도 나와 맞지 않으면 끝까지 강의를 마칠 수 없다고 생각했다. 유명한 강사들이 많았지만 국어, 영어, 한국사는 공부에 흥미를 일으키고 재미있는 강사를 찾고 싶었다.

개개인마다 자신과 잘 맞는 강사가 있다. 같은 과목, 같은 개념을 설명하더라도 도중에 그만 듣고 싶어지거나 정반대로 강의에 몰입되어 끝까지 듣고 싶은 강사가 있다.

국어는 커리큘럼과 OT강의를 보고 호불호가 없는 강사를 골랐다.

영어는 공부 초반에 유명 강사들의 강의를 여러 개 들었는데, 내 수준과 맞지 않아 따라가기가 어려웠다. 그래서 초등학생도 알아들을 수 있을 정도로 알아듣기 쉽게 기초 개념을 설명해주는 강사를 찾았다.

마지막으로 한국사는 강의 수만 봐도 앞이 캄캄해졌다. 한국사 때문에 문과가 아닌 이과를 선택한 나로서는 한국사 내용을 모두 암기할 자신이 없었다. 그렇기에 길지 않은 강의와 요점만 짚어주는 강사를 찾고 싶었고, 지루하지 않고 재미있는 강사를 우선순위에 두었다.

노베이스
국어 공부법

    평소 국어 과목을 좋아하기도 했고, 비문학 외에는 모두 암기로 해결할 수 있었다.

    회독 공부법으로 이론 암기가 가능했고, 기출에 적용하는 데에도 큰 어려움이 없었다. 그러나 비문학은 암기로 풀 수 있는 파트가 아니기에 독해력을 키우기 위해 시간을 투자해야 했다.

☑ 국어 우선순위

국어는 교재에 나와 있는 대로 '문법 → 비문학 → 문학 → 어휘' 순으로 공부했다.

교재에 나온 순서대로 우선순위라고 생각했다. 특히나 1회독 때에는 기본서에 구성된 차례대로 공부하되 파트별 기출문제 개념을 이해하고 암기하는 데 집중했다.

공무원 국어 기본서의 양이 방대하기에 1회독을 할 때 끝까지 이해하고 암기하는 것이 쉽지 않다. 또한 전체 범위를 암기하는 것은 시험을 위한 공부가 아닌 공부를 위한 공부라고 생각한다. 합격을 위한 공부를 위해 출제 비중이 높은 개념부터 파악하고 공부했다.

1회독 때 기본서에 나온 순서대로 강의를 듣고, 각 파트별 기출 문제를 풀면서 감을 익혔다. 출제 비중이 높은 순서대로 암기해도 2회독 때 기억이 나지 않는 경우가 많다. 워낙 양이 많기 때문에 2회독을 하면서 개념을 다시 이해하고 부족한 부분을 채워나갔다.

인강을 들으면서 문법과 문학은 암기하는 데 초점을 맞추고, 비문학은 개념만 이해하는 것으로, 어휘는 기출

문제 풀이를 반복하며 공부했다.

☑ 국어 회독

- **1회독** 교재 순서대로 전체 빠르게 암기
- **2회독** 문법 기출문제 중심으로 암기 + 단원별 문제 풀이
- **3회독** 문학, 비문학 기출문제 중심으로 암기
- **4회독** 단권화 + 문학, 비문학, 어휘(한자) 특강
- **5~10회독** 기출문제, 모의고사 오답 개념 회독 + 기출 한자, 사자성어 암기

1회독부터 철저히 기출문제의 우선순위를 파악해 점점 공부 양을 줄여가며 회독해야 한다.

총 기본서 10회독, 기출 3회독을 했다. 기출 3회독을 끝내고 나서는 오답만 체크해 단권화하고 시험 전날에 2시간 분량을 암기했다.

국어 목표 점수가 90점이었기 때문에 한자는 2문제 중 1문제를 맞히는 것을 목표로 했다. 어휘(한자)는 스스로 암기하기가 어려워서 특강을 듣고 기출 한자와 사자성어 70퍼센트 정도를 암기했다. 한자는 기출에 나온 것 중 암기되는 것은 정확하게 외우고, 그 외에는 과감히 포기했다. 문

법과 문학은 기출에 나온 개념을 기본서 회독으로 완벽하게 암기했다. 비문학은 모의고사를 풀면서 주제를 찾고, 본문을 요약하며 감을 익혀 빠르게 문제 푸는 연습을 했다.

☑ 국어 유형별 출제 비중

공무원 국어 출제 유형은 크게 문법, 문학, 비문학, 어휘 4가지로 나뉜다.

유형	평균 문항 수
문법	5
문학	5
비문학	8
어휘	2

2018~2020년 3년간 국가직, 지방직 9급 공무원 국어는 평균적으로 문법 5문항, 문학 5문항, 비문학 8문항, 어휘 2문항이 출제되었다.

이전에는 문법, 어휘와 같이 암기 위주 문제들이 출제되었고, 요즘에는 독해력, 사고력을 요구하는 비문학과 문학 유형의 출제 비중이 늘어나고 있는 추세다. 특히 비문학은 지문 길이가 점점 길어지면서 더욱 독해력이 중요해 지고 있다.

☑ 국어 유형별 공부법

문법

공무원 국어 공부를 시작하면 가장 먼저 만나는 단원이 바로 국어 문법 및 규범이다. 문법 파트는 암기하면 바로 풀 수 있는 단순 지식형 문제이자 가장 정형화된 파트다. 기출 분석을 통해 빈출되는 문제에 대한 개념은 회독을 통해 암기했고, 중요하지 않은 부분은 생략했다.

10초 만에 빠르게 풀 수 있는 문제가 출제되니 기본서와 기출로 반복하며 빠르게 문제를 풀 수 있도록 연습했다. 헷갈리는 맞춤법이 있다면 어플로 맞춤법을 공부하면서 자투리 시간을 활용했다.

기초가 없다고 생각된다면 문법은 인강을 이용하는 것을 추천한다. 처음에는 형태론, 통사론, 맞춤법, 띄어쓰기 등 문법 파트 양이 많아 일단 강의와 함께 교재에 나오는 기출문제를 보면서 개념을 이해했다. 2회독 때에는 암기되지 않은 부분을 다시 이해하고 암기했다. 특히 단순 암기해야 하는 규범 파트의 표준어, 외래어, 맞춤법 등은 회독할 때마다 암기하고, 모르는 것은 리스트를 만들어 출력해 형광펜으로 표시해두었다.

문법은 암기가 가능하고, 문제 푸는 시간을 최대한 줄여야 하는 파트다. 문법에서 시간을 아껴야 독해에서 시간을 더 쓸 수 있다.

그러나 빨리 푸는 것만이 문제가 아니다. 정확하게 풀어 문법 문제는 다 맞아야 한다. 문법 다섯 문제에서 점수를 확보해야 최종적으로 안정적인 점수를 받을 수 있다. 문법은 반복 암기가 필수다.

문학

문학은 출제 패턴이 정해져 있고 어느 정도 암기가 가능하다. 고전, 현대 문학 작품의 주제와 핵심 포인트를 암기해두면 문제를 빨리 푸는 데 도움이 된다.

강의를 들으며 교재에 나온 기출 문학 작품들과 빈출되는 유형을 암기했다. 문학 파트의 암기는 이해를 바탕으로 한 암기여야 한다. 작품의 주제와 중요 포인트를 이해하고 외워야 한다. 뻔한 말처럼 들리겠지만 작품이 쓰인 시대, 작가 등의 배경지식을 이해한 후에 작품 요소들을 암기하면 효과적이고 응용이 가능하다.

문학은 1회독 때 한 번 강의를 듣고, 마무리할 때 다시 한 번 특강을 들어서 총 2회독 강의를 들었다. 출제 빈도가 높은 지문과 유형은 모두 암기해서 비문학 파트에 공부 시간을 벌었다. 반복해서 지문을 해석하고 문제 풀이를 했다. 문학 파트도 반복하다 보면 정답률이 높아지기 때문에 비문학보다 수월하게 공부할 수 있었다.

비문학

비문학은 단기간에 점수를 올리기 어렵다. 비문학 파트는 독해력이 점수를 좌우한다고 생각하는데, 평소 독서량이 많지 않았다면 많은 공시생들이 비문학 파트에서 어려움을 겪지 않을까 싶다.

나도 마찬가지로 국어 과목 중에서 비문학 파트가 가장 어려웠다. 처음 보는 지문을 읽으며 빠르게 주제를 파악하고 문제를 푸는 것이 쉽지 않았다. 더욱이 시간 내에 풀어야 한다는 압박감이 있었다. 그래서 연습할 때에는 지문을 정확히 읽고 주제를 파악해 문제를 풀었다. 여러 지문들을 만나다보면 점차 속도가 빨라질 것이라 기대했다.

제한된 시간 내에서 정확하고 빠르게 지문을 파악해야

하기 때문에 글자를 꾹꾹 눌러 읽기보다는 전체를 빠르게 읽으면서 한 문단이 문장으로, 문장이 단어로 요약되는 독해법을 익혀야 한다. 비문학의 경우, 문제를 푸는 양과 실력이 비례하지만은 않는다. 그 지문에 대한 이해도가 높아질 뿐 근본적으로 독해력이 향상되는 것은 아니기 때문이다. 어설픈 독해력으로 운이 좋으면 맞고, 운이 없으면 틀리고……. 이것은 실력이라 할 수 없다.

한 합격 수기에서 비문학은 영어 독해처럼 매일 꾸준히 지문 주제를 찾고 요약해야 한다기에 바로 실행에 옮겼다. 비문학 강의 1회독을 하고, 모의고사 문제집에 있는 다양한 유형의 지문을 꾸준히 푸는 연습을 했다. 그러나 꾸준히 연습해도 어렵게 느껴져서 신문 사설의 주제, 단어에 줄을 치며 요약하기도 하고, 독해 빠르게 하는 방법에 대한 영상을 참고하기도 했다.

비문학 지문을 읽으면서 정확하지 않고 느낌상 '이럴 것이다' 하고 판단해버리는 습관을 고치는 연습을 했다. 지문에서 찾은 근거로만 선지에 ○× 체크를 했다. 문제를 맞히든 틀리든 관계없이 내가 해석한 지문과 해설지의 내용이 맞는지 비교하며 문제 풀이를 했다. 만약 해설과 내 해석이 다를 때에는 지문을 해석할 때 주의해야 할 점을 적고 오답을 고르게 만든 습관을 바꿀 때까지 주의할 점을 잊지 않고 고쳐갔다.

지문 연습을 할 때에는 이처럼 분석하는 시간을 가졌고, 실제로 기출 문제를 풀 때에는 밑줄을 그으며 빠르게 문제를 풀었다. 지문 분석 연습을 하면서 비문학 문제를 빠르게 풀 수 있었던 팁이 있다.

첫째, 지문을 읽기 전에 선지를 빠르게 확인한다. 둘째, 지문의 단락마다 첫 문장의 화제와 핵심 단어에 밑줄을 긋는다. 셋째, 문단별 요지에 밑줄을 그어가며 지문을 좀 더 세세하게 읽어나가는 것이다. 넷째, 새로운 개념이나 공통, 반대 개념에 ㅁ△ㅇ 등 내가 알아볼 수 있기 쉽게 표시하는 것이다. 마지막으로 반전 내용이 있는 경우에는 ∨로 표시를 해두었다. 이러한 방법으로 문제를 풀다보니 비문학 파트 고민을 덜 수 있었다.

비문학은 암기가 아닌 독해력이 요구되는 파트다. 비문학의 출제 비중이 점차 높아지는 추세로 지문 길이가 4페이지를 넘기도 한다. 비문학 파트에서는 주제, 요점만 빠르게 파악하고 선지와 비교하며 푸는 능력이 필요하다.

물론 문제를 빠르게 맞히는 것도 중요하지만 비문학에서 그보다 더 중요한 것은 정확도다. 비문학에서 정확도를 높이기 위해서는 평소 공부할 때 지문의 주제를 찾고, 요약하는 습관을 들이는 것이 좋다.

독해력은 하루아침에 늘지 않으니 매일 꾸준히 습관을 들여야 문제 풀이 시간도 줄고, 시험에서 정답을 빠르게 찾을 수 있다.

어휘

어휘는 고득점을 위해 반드시 암기해야 한다. 우선순위로 따지면 가장 마지막 순위이지만 국어 과목의 난이도는 어휘 파트가 어떻게 출제되느냐에 따라 결정된다고 해도 과언이 아닐 만큼 절대 등한시해서는 안 되는 파트다.

처음 어휘 파트를 공부할 때 기본 한자, 사자성어만 보더라도 양이 방대해서 문제가 어떻게, 얼마나 어렵게 나올지 파악되지 않았다. 합격 수기에서는 한자를 포기하고 다른 공부를 더했다는 이야기들도 더러 있었다.

어휘는 총 두 문제가 출제되기 때문에 한 문제만 맞혀

서 목표 점수인 90점을 이루겠다는 생각이었다. 기출에 나왔던 어휘는 기본적으로 암기해야 하지만 나름의 점수 계획이 있었기에 한자와 사자성어 70퍼센트 정도를 암기했다. 그리고 문제를 보자마자 바로 풀 수 있도록 시험장에서 시험 시작 전에 빠르게 기출 한자, 사자성어를 눈에 익혔다.

노베이스
영어 공부법

영어의 기본이 하나도 없는 완벽한 노베이스였던 나는 영어를 잘했던 적이 단 한 번도 없었다. 영어에 흥미가 없고 못하다보니 잘하고 싶은 마음도, 용기도 나지 않았다.

시험 직전까지 점수가 나오지 않았던 과목이 바로 영어였다. 다른 과목들과 달리 어떻게 커리큘럼을 짜야 할지 감이 오지 않았다.

내 수준을 제대로 파악하지 못하고 영어를 100점 맞은 사람들의 합격 수기를 보고 따라 했으니 당연히 맞지 않는

옷을 입은 것처럼 불편할 수밖에 없었다.

합격 수기에서는 독해 지문을 많이 풀어보고 하프모의 고사를 매일 풀면서 감을 익히라고 했다. 기출 문제를 풀면 30점, 잘 찍으면 50점이 나왔다. 그런데도 영어 고득점 합격자들을 따라 무작정 6개월 동안 기출, 독해 문제를 풀었다. 영어 단어는 지문에 나오는 어려운 영단어들을 꾸역꾸역 외웠다. 하지만 며칠이 지나면 다시 처음 보는 단어가 되었다. 그럼에도 나아지겠지, 하면서 6개월을 버텼다. 밑 빠진 독에 물 붓기였다.

'꾸준히 하면 된다'는 말이 무조건 맞는 것은 아니다. 오로지 의지 하나만으로 6개월 동안 영어 100점 공부법을 따라 했는데 점수는 6개월 전과 변화가 없었다. 제대로 알고 문제를 푼 것이 아니라 느낌이 가는 대로 찍은 점수였다.

시간을 버린 기분에 앞이 캄캄했지만 그대로 절망하고 있을 수만은 없었다. 나와 비슷한 영어 노베이스 합격 수기를 찾아봤다. 영어는 기초부터 하고 문제 풀이를 나중에 해야 한다는 내용이었다. 순간 머리를 띵 얻어맞은 기분이었다. 내 수준에 맞게 공부해야 한다고 생각해서 처음으로 돌아가 다시 기초부터 공부를 시작했다.

☑ 영어 우선순위

영어는 여러 시행착오를 겪은 뒤에야 비로소 나만의 공부 방법을 찾았고 '어휘 → 문법 및 독해 이론 → 기출문제, 모의고사 문제 풀이' 순으로 공부했다.

영어는 매일 꾸준히 하는 것이 정말 중요하다. 기본 문법, 독해, 영어 단어를 매일 익히면서 문제에 적용해야 하는데, 단기간 암기로 이루어질 수 없다.

노베이스일수록 점수를 높이기 위해 매일 쉬지 않고 공부해야 한다.

전업 공시생 때 주 6일 하루에 5시간 이상 영어 공부를 했다. 영단어 100개 정도를 암기하는데 1시간~1시간 30분, 독해 이론 강의를 듣고 복습하는 시간까지 4시간을 투자해 공부했다.

기본 어휘와 문법, 독해 이론을 여러 번 회독한 후에 문제 풀이를 했다. 초반에 영어 공부를 할 때 이론이 정확히 잡히지 않은 상태에서 문제만 풀었다. 해설 내용만 확인한

채 다음으로 넘어갔고, 그러다보니 비슷한 개념의 문제임에도 다른 문제에 적용이 되지 않아 몇 번이고 문제를 틀렸다.

이후로 문법 개념을 정확히 익힌 후에 문제 풀이를 했다. 문법의 경우, 아예 몰라서 문제를 틀리는 것이 아니라 다른 개념들과 헷갈려서 틀리는 경우가 많다. 그래서 개념을 제대로 이해한 후에 문제를 풀다보니 문제가 틀려도 해설지를 보기 전에 왜 이 문제를 틀렸는지 감이 잡혔다.

이론과 어휘, 독해의 기본을 다졌다면 기출 문제를 분석하면서 풀고, 자주 틀리는 문제들은 따로 정리해서 부족한 이론 개념을 채웠다.

공무원 영어 문제는 80퍼센트 정도가 기출을 응용하여 출제된다. 출제 유형별 포인트를 공부하고 모의고사에 적용하여 푸는 연습이 중요하다.

☑ 영어 수준별 공부법
노베이스 : 중등, 고1 과정도 흔들리는 수준

영어 문장이 나왔을 때 어휘가 해석되어야 한다. 그런데 고등학교 1학년 과정도 벅찬 노베이스 영어 수준이라면 어휘 책을 선택할 때 중3~고1 수준으로 고르길 추천한다. 어려운 어휘들을 쏙쏙 암기하면 좋겠지만 이런 경우일수록 독해 지문을 해석하는 것이 먼저다. 자신에게 맞는 어휘 책을 먼저 암기하고 이후에 공무원 기출 어휘 책을 보는 것이 효과적이다.

나 또한 중학생 영단어 책을 외운 후에 공무원 기출 어휘 책을 암기했다. 시작할 때 장벽이 높지 않아 기본 어휘만 알아도 쉬운 기출 독해 지문 정도는 해석할 수 있게 되었고, 자신감과 흥미를 잃지 않고 영어 공부를 포기하지 않을 수 있었다.

한 번에 지문 전체를 완벽하게 해석하기까지는 시간이 필요하다. 실력을 키우는 단계인 만큼 어휘, 문법, 독해 실력이 꾸준히 상승할 수 있도록 수준에 맞는 어휘와 기초 이론을 공부하는 것이 효과적이다.

중급 : 수능 3~5등급으로 노베이스와 상급 사이 수준

기준 점수를 80점으로 안정적으로 올리고, 어휘는 3~40퍼센트 꾸준히 유지하며, 중급자용 공부 후에 문법 이론 공부와 해석 위주의 공부를 해야 한다. 기본서 수준의 문법을 공부하고 해석하면서 문법 문제를 푸는 것이 좋다. 이때 공무원 기본 문법을 공부하되 이론을 포함한 해석 위주의 문법 문제를 풀어야 한다. 기본 문법 문제는 요즘에 거의 출제되지 않기 때문이다. 문법, 독해 기본을 공부하는 데 60퍼센트의 공부 시간을 할애하면서 나머지 40퍼센트는 어휘 공부에 집중하는 것이 좋다.

상급 : 수능 1~2등급이나 토익 7~800점 수준

영어 기본기가 있다면 중복해서 영어 기본 이론을 보는 것보다는 공무원 기출 문제를 풀면서 출제 경향을 파악하는 것이 더욱 효과적이다. 해커스 김형구 강사님은 인터뷰에서 공무원 영어에도 출제 포인트가 있고, 그 포인트를 파악해야 고득점을 받을 수 있다고 말한다.

수준별
영어 공부법
가이드

☑ 영어 유형별 출제 비중

공무원 영어 출제 유형은 크게 어휘, 문법, 독해, 생활 영어 네 가지로 나뉜다.

유형	평균 문항 수
어휘	4
문법	4
독해	10
생활영어	2

2018년~2020년 3년간 국가직, 지방직 9급 공무원 영어에서 문법은 동사, 시제, 준동사(부정사, 동명사, 분사), 가정법 문제가 자주 출제되었다. 최근에는 문법 문제만이 아닌 독해를 요구하는 문법 문제가 출제되는 추세다.

☑ 영어 유형별 공부법

어휘

나는 기초 어휘가 부족해 중학교 과정의 우선순위 영단어부터 암기했다. 문법 강의를 들을 때도 단어를 모르면 시간이 오래 걸리고 이해가 안 되기 때문에 기초 단어부터 먼저 암기했다. 한 달 동안은 혼자서 매일 100개씩 외우다가 지쳐서 영단어 강의를 들었다. 어원 강의를 들으니 여러 단어가 한꺼번에 암기되어 하루에 100개씩 외우는 것이 조금은 수월해졌다.

그럼에도 독해 문제를 보면 모르는 단어가 많아서 지문에서 모르는 단어들 중 전문적인 단어 외에는 모두 암기했다. 여러 가지 뜻이 있는 단어의 경우에는 빈출되는 의미 위주로 암기했으며, 숙어도 강의를 들으며 공부했다.

영어 목표 점수가 70점이었기 때문에 어려운 어휘는 버리고 빈출되는 단어는 확실하게 반복 암기했다.

문법

문법 기본 개념을 이해, 암기한 후에 예시 문제를 푸는 순으로 공부했다. 문법 개념을 정확히 이해하고 암기하려 노력했으며, 개념을 갖춘 후에는 문법 문제를 풀거나 독해 지문을 보면서 적용하는 연습을 했다. 긴 지문보다는 세 문장 정도 되는 예시문을 보고 이해하면서 암기했다. 예문, 예시를 통해 공부하면 이해가 쉽고 암기도 저절로 되면서 응용력이 높아졌다.

문법을 정확히 숙지해야 빠른 독해가 가능하기 때문에

문장 구조를 빠르게 분석하고, 곧장 해석하는 연습이 필요하다. 문법이 익숙해지도록 한 후 반복 암기하는 것이 무엇보다 중요하다.

독해

독해는 매일 꾸준히 해야 한다. 문장 구조를 파악하고 지문의 주제를 찾는 연습을 하면 한결 빠르게 문제를 풀 수 있다.

나는 전혀 영어 기초가 없었음에도 6개월간 기출 문제와 하프모의고사를 풀었다. 결과는 밑 빠진 독에 물 붓기였다.

이후에는 기초 어휘, 문법이 완성되기 전까지 긴 지문의 독해 문제를 풀지 않았다. 어휘를 암기하면서 짧고 쉬운 지문 위주로 해석하고, 문법 공부와 함께 문법 문제를 풀고 해석하면서 차츰 독해 실력을 쌓아갔다.

더불어 독해 공부를 할 때에는 글의 주제와 전개 방식을 파악해 문제를 푸는 연습을 했다. 어휘력이 부족해 완벽하게 해석하지 못하더라도 문단별로 주제를 파악하고, 전개 방식을 따라가면서 독해 문제를 푸는 습관을 들였다. 그리고 모르는 단어와 구문, 표현들도 암기했다. 70점을 목표로 독해 10문제 중 8문제를 맞히기 위해 기본에 충실한 지문 독해 연습을 했다.

생활영어

6개월간 완전 기초 강의부터 기본 강의까지 들으면서 기본 개념을 터득한 후에 생활영어 공부를 시작했다. 생활영어에는 전문적인 지식이나 의학 단어 등 어려운 단어는 나오지 않아서 기출문제 풀이로 충분히 대비할 수 있었다.

영어 포기자의
공무원 합격
영어 공부법

노베이스
한국사 공부법

많은 공시생들이 한국사는 비교적 재미있고 힐링 과목이라고 하는데, 나에겐 아니었다. 한국사는 시대 흐름을 이해하는 것이 무엇보다 중요한데, 그것이 어려웠다. 분명 강의를 들을 때에는 이해가 되는데 혼자서 공부한 내용을 복습하고 암기하려고만 하면 잘 되지 않았다.

한국사야말로 강사들과 친해져야 할 과목이었다. 합격 수기를 찾아보면 유명한 강사들이 많았는데, 그들의 커리큘럼, OT, 무료특강을 찾아봤다. 그중 흐름을 자세히 설명해주기보다는 최대한 간결하게 설명해주는 강의를 선택했다. 그리고 강의를 선택한 후에 강의 수에 맞게 공부 계획을 짰다.

☑ 한국사 우선순위

한국사는 '시대별 흐름 파악 → 사건,인물, 상황 중심 암기 → 시대별 사료 이해' 순으로 공부했다.

한국사야말로 회독이 정말 중요시되는 과목이다. 끊임없이 시대별 흐름을 암기하고, 문제를 풀면서 오답 수를 줄여갔다.

한국사가 내게 힐링 과목이 아닌 이상 기본 강의를 듣는 데에도 압박감이 들었다. 공부할수록 암기하는 양이 줄어야 하는데 회독을 하는 데도 암기할 양이 많다보니 어떻게 해야 할지 감을 잡기 어려웠다.

1회독을 완강하는 데에는 시간이 꽤 걸려 계획했던 기간보다 보름이 더 걸렸다. 빠르게 넘어가야 하는데 역사 흐름을 제대로 이어가지 못했다. 2회독 때 다시 전체 흐름을 파악하고 이해가 부족한 부분들을 채우면 되는데 불안해서 진도가 나가지 않았던 것이다.

그런데 총 다섯 과목을 동시에 준비하다보니 한국사 3회독 때가 되었을 때에는 근현대사 이후부터 기억이 흐릿했다. 여러 번 회독해도 늘 근현대사 쪽은 부담을 안고 공부했고, 심지어 시험 전날까지도 발목을 잡았다. 그래서 회독을 할 때마다 목표 계획을 짜서 공부하면서 한국사 공부를 이어나갔다.

☑ 한국사 회독

- **1회독** 전체 흐름 파악 + 시대별 키워드 암기
- **2회독** 사건, 인물, 상황 중심으로 암기
- **3회독** 시대별 사료 이해
- **4~10회독** 기출문제, 모의고사 오답 개념 회독 + 단권화

한국사도 국어와 마찬가지로 기본서 순서대로 강의를 듣고, 단원별 기출문제를 풀면서 공부했다. 1회독 때에는 전체 흐름을 파악하고, 시대별 키워드를 암기하는 위주로 공부했다. 그리고 2회독 때에는 빈출 사건, 인물, 상황을 주로 암기했으며, 3회독에서는 1, 2회독을 빠르게 보고 시대별 사료를 이해하며 기본 이론에 추가했다. 이렇게 3회독을 하고 나서는 전체적으로 암기가 가능해졌고, 그 후

기출문제, 모의고사, 단원별 ○× 문제를 풀면서 정답률을 높여갔다.

☑ 한국사 유형별 출제 비중

공무원 한국사 출제 유형은 크게 정치, 경제, 사회, 문화 네 가지로 나뉜다.

유형	평균 문항 수
정치	14
경제	1
사회	1
문화	4

요즘 출제 경향으로 한국사 시험에서는 문화사가 당락을 결정하는 추세다. 정치와 문화사를 연결할 수 있는지 요구하는 문제들이다. 사료를 통한 기본 이론과 기출문제로 난이도는 평이하고, 자료 제시 유형이 많이 출제되고 있다.

한국사 난이도는 평이해지고 있기에 기본 개념을 암기하고 사료를 통한 공부가 필요하다.

최종 합격을 위한
연접 전략

면접 준비
5가지 방법

열심히 공부해 필기시험을 통과하고, 남아 있는 마지막 관문은 바로 면접이다.

지금까지 면접이라면 중소기업 취업 면접이 전부였는데, 그마저도 간단하고 형식적인 면접이었다. 말솜씨가 좋거나 발음을 또박또박 잘하는 편도 아니었다. 그렇기에 면접은 굉장히 부담스럽고 걱정이 많았다. 그런 내가 최종합격을 거머쥘 수 있었던 것은 5가지 면접 준비 방법 덕분이었다.

☑ 면접 전문가의 무료 강의를 듣자

필기 합격 발표가 난 바로 다음 날부터 면접 준비에 돌입했다. 유명하다는 강사의 유료 강의를 들으며 면접을 준비했다. 시·군별로 상세히 알려주어 도움이 많이 되었고, 주변에서도 나와 같은 유료 강의를 들은 합격자들이 대부분이었다. 그러나 현재 내가 필기 합격한 공시생이라면 유료 강의를 찾아 듣지는 않을 것이다. 당시에는 불안한 마음에 유료 강의를 결제해 들었다.

공무원 카페, 유명 강사들의 단체 톡방에서 정보를 얻어 무료 자료들과 유튜브 영상들을 찾아보면 '이 정보들만으로도 차고 넘치네?'라는 생각이 든다. 그때는 요즘만큼 정보가 많지 않았고, 왠지 유료 강의에서는 더 세세한 부분까지 코칭 받을 수 있을 것 같았다. 그러나 점수가 합격권이라면 면접 스터디나 무료로 나와 있는 정보만으로도 충분하다.

☑ 현직 공무원 합격 수기를 수집하자

현직 공무원들의 합격 수기를 통해 현장 분위기를 더 자세히 알 수 있어 긴장을 푸는 데 도움이 된다. 각 합격자마다 가지고 있는 꿀팁들을 정리해 실행해보자.

기억에 남는 꿀팁 중 하나가, 동기 중 한 명은 면접을 보기 전에 미리 면접 장소에 방문했다고 한다. 그리고 현직에 있는 공무원들에게 행정 전화로 연락해 정보도 얻고 궁금한 것들을 물어봤다고 한다. 이루고 싶은 무언가가 있다면 고민하지 말고 실행으로 옮기기를 바란다.

☑ 지자체 홈페이지에서 자료를 수집하자

지자체 홈페이지를 적극 활용하면 좋지만, 평소에 홈페이지에 들어갈 일이 없다보니 들어가도 머리만 아프고 어떻게 이용해야 할지 막막할 것이다.

예를 들어 서울시 환경직을 준비 중이라면 먼저 조직도, 정책, 언론보도 자료를 수집한다. 그중 내가 하고 싶은 업무가 있는지 찾아본다. 이렇게 준비하면 면접에서 답변할 때 '이 면접자는 준비를 많이 했구나'라는 인식을 심어줄 수 있다. 또한 홈페이지에서 환경 정책을 찾아본다. 기후환경본부 정책과제, 핵심과제 등을 순서대로 찾아보고, 업무 계획도 다운로드해서 참고한다. 마지막으로 환경 언론보도 중 이슈화되고 있는 내용을 토대로 답변을 준비한다. 이렇게 관심 있는 업무, 정책, 언론보도와 공무원 면접 빈출 문제를 뽑고 답변을 정리한다.

☑ 인터넷 카페를 이용해 자료와 스터디원을 찾자

지금까지도 인터넷 공무원 카페에 영상을 게시하거나 공시생들의 고민 글에 답변을 남기기도 한다. 지금은 공시생들에게 조금이나마 도움이 되고자 활동하고 있지만 나 또한 공시생 시절, 온라인 카페를 잘 이용했던 이유는 카페에서 무료로 배포하는 유익한 자료가 많았기 때문이다. 게다가 카페에서 여러 면접 합격 수기를 확인하고, 제휴된 선생님의 자료를 보거나 오픈 채팅방 등을 이용할 수 있으니 가능한 인터넷 카페에서 얻을 수 있는 것들은 모두 가져가기를 바란다.

또한 나는 온라인 카페를 통해 스터디원을 모았다. 총 2개의 스터디에 가입했는데, 그중 하나가 인터넷 카페에서 스터디원을 찾았다. 내가 지원한 시의 다양한 직렬이 모인 스터디였다.

일주일에 1번씩 총 2번 동안 자료 공유를 목적으로 스터디를 진행했다. 혼자서 지자체 정보를 모두 찾아 모으기란 여간 어려운 일이 아니기에 지원한 시의 정책, 이슈 등을 서로 나눠서 자료를 수집한 뒤에 공유하는 방식으로 스터디를 진행했다.

☑ 모의 면접을 연습하자

나는 15년도에 유료 면접 강의를 듣고 면접을 대비했다. 추가로 학원에서 수강생을 대상으로 한 무료 면접 강의를 들었는데, 학원에서 스터디원을 꾸려주어 환경직에 지원한 스터디원 5명과 함께 모의 면접을 준비할 수 있었다.

모의 면접은 면접자 1명에 면접관 3명으로 구성해 자기소개부터 지원 동기, 지원한 시의 장단점, 환경 관련 정책, 개선점 등을 답변하는 형식으로 진행했다. 영상을 찍어두거나 녹음해두어 모의 면접을 마친 후에 서로 잘한 점과 부족했던 점을 피드백해주었다. 평소 인식하지 못했던 안 좋은 습관이나 말투를 스터디원들과 피드백해줄 수 있어 좋았다.

실제 면접에서 모의 면접 때 했던 내용의 절반이 나왔다고 해도 과언이 아니다. 모의 면접의 노력이 빛을 발한 순간이었다. 기본적으로 자기소개, 지원 동기, 지원한 시의 관광 소개, 인근 시와의 환경 문제 등이 질문으로 나왔다. 예상 질문들이 대부분이었기에 연습한 대로 무사히 대답할 수 있었다.

그 외에 예상치 못한 질문 두 개 정도는 제대로 답하지 못했지만 점수에 크게 영향을 끼치지 않아 보통이 나왔다. 미흡이나 우수였다면 재면접을 봤을 텐데 공지에 뜨지 않았으니 보통을 받았다고 할 수 있겠다. 그리하여 필기 성적순대로 합격할 수 있었다.

스터디원을 꾸렸다면 기출 문제 위주로 1 대 3 모의 면접을 꼭 해보길 바란다. 실제처럼 연습해봐야 면접에서 떨지 않고 자연스러운 답변을 이어나갈 수 있다.

외운다고 해서 말이 술술 나오지 않는다. 계속해서 말하는 연습을 해야 한다. 특히 이전까지 필기 공부만 하면서 머리에 공부 내용을 입력하는 연습만 해왔기 때문에 말하는 연습에 더더욱 노력이 필요하다.

만약 스터디원 없이 혼자 면접 준비를 해야 한다면 지인이나 가족과 모의 면접을 하거나 셀프 촬영으로 연습하기를 추천한다. 모의 면접에 익숙해질수록 말하는 데 자신감이 생기고 면접에서 얼버무리지 않고 후회 없이 준비한 대답을 다 할 수 있다.

최종 합격을 위한
면접 준비 방법

면접 질문과
합격하는 답변

면접관 앞에서 떨지 않고 유창하게 말하기란 어렵다. 예상치 못한 돌발 질문에는 순발력 있게 대처해야겠지만, 실전 면접에서 자주 묻는 질문은 미리 준비하고 연습하는 것이 좋다. 빈출되는 면접 질문들과 답변 팁, 그리고 내가 실제로 9급 공무원 면접에서 했던 답변들을 정리해보았다.

☑ 1분 자기소개

1분은 길다면 길고 짧다면 짧은 시간이다. 이 시간 동안 어떻게 면접관의 눈에 띨 수 있을까.

일반화시킬 수는 없겠지만 되도록 문학적인 표현은 피하는 것이 좋다. 예를 들어 '카멜레온 같은 ○○○입니다' 같은 멘트는 지양했으면 한다. 비유하고자 하는 단어에 나를 맞추다 보니 자연스럽지 못하고 욱여넣은 듯한 느낌을 주기 쉽다. 면접 시작은 담백한 것이 좋다. '○○시에 지원한 ○○○입니다'처럼 처음부터 자신을 어필하기보다는 간단하고 침착하게 자기소개하는 것을 추천한다.

그 뒤로 '저는 어떤 교육을 받았고, 어떤 업무를 했으며 어떤 성과를 낸 적이 있습니다. 그래서 공무원에 지원하게 되었습니다'와 같이 지원 계기와 자신이 공무원직을 잘할 수 있다는 근거를 들면서 자연스럽게 지원 동기와 연결 짓는 것이다.

마지막 멘트로 입사 후 포부를 밝히면 좋다. '어떤 공부를 했고, 어떠한 이유로 공무원이 의미 있다고 생각하며, 공무원이 되기 위해 어떤 것들을 노력했습니다'처럼 자신이 공무원이 되기 위해 노력해온 것들과 함께 자신의 포부를 담아 전달하기를 추천한다.

10분 만에 끝내는
1분 자기소개

안녕하세요. ○○시 지원자 김미소입니다.

저는 환경전문업체에서 4년간 수질 관리 및 인허가 업무를 했습니다.

실전 경험을 바탕으로 ○○시에서 더 넓은 시야를 배우며 시민들을 위한 환경 정책 업무를 하고 싶습니다.

또한 업체와 협업하여 시민들의 어려움을 해결할 수 있는 방법을 찾고 싶습니다.

환경을 전공하여 4년간 근무한 경력의 전문성을 바탕으로 시의 수질 개선에 보탬이 될 수 있도록 노력하는 공무원이 되겠습니다.

☑ 지원 동기

지원 동기를 묻는 목적은 충성심과 관련이 있다. 여기서 중요한 점은 으레 하는 공통적인 답변보다는 지원 지역에서만 볼 수 있는 장점, 서비스나 프로세스를 찾아야 한다.

홈페이지에서 특히 민원 쪽을 살펴보면 부처의 장점 및 개선점을 파악할 수 있다. 타 시와 비교해서 몇 가지를 찾아서 답변을 준비하는 것이 좋다. 예를 들어 '제가 지원한 ○○시에는 어떤 부분이 정말 잘 되어 있었고 시민들에게 어떤 서비스를 하고 싶어서 지원했습니다'라고 답하면 좋다.

또 한 가지 팁은 경험과 적절히 섞어 답변하는 것이다.

'공무원에게 어떤 서비스를 받았는데 기분이 좋았고, 감동적이었다. 이를 통해서 어려움을 극복할 수 있었다'라고 답변한다면 지원 동기 답변을 수월하게 풀어나갈 수 있을 것이다.

> 저는 환경업체에서만 근무를 했습니다. 그래서 업체에서 발생하는 어려운 점들을 잘 알고 있습니다. 점검을 나오는 공무원분들에게 어려움을 말씀드리니 그 이유에 대해 설명해주었고, 개선할 점을 알려주었습니다.
> 그 모습을 보며 공무원이 되고 싶다는 생각을 했고, 지원하게 되었습니다.

☑ 성격의 장단점

성격의 장단점을 묻는 요지는 지원자가 단점을 극복한 경험이 있는지 파악하기 위해서다.

우리는 대체로 성격의 장단점을 깊게 생각해보지 않는다. 그렇기 때문에 성격의 장단점이 무엇이냐는 질문을 받았을 때 아무런 준비 없이 답변하다보면 모순이 생긴다. 예를 들어 장점은 꼼꼼하다고 했는데 단점을 덜렁댄다고 하는 경우다. 장점을 이야기하고 뒤이어 단점을 이야기하다보면 어느 순간 발을 헛디뎌 넘어질 수 있다.

이를 피하기 위한 꿀팁이 바로 MBTI 검사다. MBTI 검사를 통해 나온 장점과 단점을 분석해서 답변을 준비하면 도움이 된다. 제일 마음에 드는 장점과 단점, 그리고 단점 극복 방법을 참고해 답변하면 좋다.

제 장점은 밝은 표정입니다. 손님을 상대하는 아르바이트를 했을 때 민원이 발생하는 경우들이 종종 있었습니다. 손님이 무리한 요구를 하면서 언성이 높아지는 경우가 있었는데, 제가 그분의 말을 경청하고 밝은 표정으로 대처해 화를 가라앉게 해주었습니다. 그런 후 사장님에게 상황을 전하고 원만하게 상황을 해결했던 적이 많았습니다.
업무를 하게 되면 현장에서 민원 처리를 하게 되는 경우가 많은데, 민원인들의 이야기에 귀 기울이고 원만하게 해결할 자신이 있습니다.

☑ 난처한 질문

난처한 질문을 던지는 이유는 꼬리를 잡기 위해서인데, 지원자의 답변이 진실인지 아닌지 판단하기 위해서다. 가뜩이나 긴장감이 넘치는 면접장에서 난처한 질문을 받으면 나도 모르게 당황하고 입이 얼어붙기 마련이지만, 이런저런 질문을 연습하고 난처한 질문에 대한 면역력이 생기고 나면 면접장에서 흔들리지 않고 대답할 수 있다. 특히 난처한 질문 중에서도 면접관이 의도적으로 진위 여부를 판단하기 위한 질문을 던졌다면 소신껏 답변하는 것이 중요하다. 옳고 그름, 정답과 오답을 가리는 것이 아닌 진위 여부를 파악하는 질문에는 '저는 이렇게 생각합니다'라든가 '저는 이런 경험을 했습니다'라든가 '죄송하지만 모르겠습니다'라고 솔직하게 답해야 한다. 난처한 질문 때문에 합격 여부가 뒤바뀌지는 않지만 난처한 질문에 말리면 떨어질 수도 있다.

> 죄송하지만 제가 모르는 사업입니다. 그 사업에 대해서는 면접이 끝난 후 알아보겠습니다.

☑ 부당한 지시

'상사가 부당한 지시를 했을 때 따를 것인가'라는 질문은 답정너 질문이다. 이 질문에서의 핵심은 나의 판단 기준이 무엇인가에 달렸다. 판단 기준은 불법이 아니라면 상사의 지시를 따른다고 하는 것이 좋다. 상사는 경험이 많고, 연륜도 있으며, 나보다 아는 것이 더 많기 때문에 상사의 지시에 따르겠다고 하는 답변이 좋다.

다만 불법적인 지시라고 판단될 경우는 그 문제에 대해 공론화시킨 후에 행동하겠다고 대답하길 바란다. 고민보다는 맞는 답변을 얘기하는 것이 좋다.

☑ 외운 답변으로 지적 받을 때

실제 면접에서 예상 질문이 나와 준비했던 대로 쭉쭉 답변했는데 면접관이 '외운 답변 말고 다른 답변 말해보세요'라고 말할 때가 있다. 답변을 잘 끝냈나 싶었는데 이런 말을 들으면 정말 당황하게 된다.

내가 9급 공무원에 지원했을 때 면접에서 이 말을 들었다. 당시 나는 외운 답변 외에는 떠오르는 말이 없었기에 머리가 하얘졌고, 아무런 답변도 할 수 없었다. 다행히 다음 질문으로 넘어갔지만, 그때로 다시 돌아간다면 우물쭈물하지 않고 내 의견을 피력할 것이다.

면접관이 이 말을 던진 이유는 두 가지가 있을 수 있다.

첫 번째, 내용이 엉망인 경우다. 이때에는 '죄송하지만 제가 너무 떨려서 준비를 못했습니다'라고 회피 기법을 쓰길 바란다.

두 번째, 잘 준비한 답변인데 말 그대로 외운 티가 난 경우다. 잘 준비한 답변이라면 내가 뱉은 답변을 고수해야 한다. 이럴 때에는 '제가 너무 긴장해서 외운 답변처럼 들리시겠지만 제가 최대한 답변을 준비했습니다'라고 솔직하게 이야기하면 된다.

☑ 마지막 할 말

마지막으로 할 말이 있는지 물어보는 이유는 어떤 의도가 숨어 있을 수도 있지만 대개 면접을 끝낼 것임을 둘러서 얘기하는 것이다. 이전까지 질문들에 무난하게 답변했다면 마지막 할 말로는 감사 인사를 하는 것이 좋다. 감사 인사를 하면 말하는 이의 인격이 달라 보이고 성숙해 보이기 때문이다. 만약 이전 질문들 중에서 미처 다 하지 못한 답변이 있다면 마무리하는 것도 좋다.

> 저는 환경업체에서도 일을 해봤고, 다양한 아르바이트 경험으로 민원을 원만하게 해결하는 능력을 가지고 있습니다.
> 시민들이 제기하는 환경 민원의 어려움들을 해결하는 좋은 공무원이 되겠습니다. 감사합니다.

지방직
자원봉사활동 리포트

    지방직 필기시험에 합격하고 면접을 등록할 때 자원봉사활동 실적을 제출해야 한다. 필수는 아니지만 준비해둬서 나쁠 것은 없다. 특히 필기시험에 붙고 면접 등록 전에 부랴부랴 자원봉사를 하는 것은 좋지 않다. 이때에는 합격이 우선이니 면접 준비에 시간을 쏟아야 한다.

    나는 공부하다가 슬럼프가 오거나 답답할 때 자원봉사를 알아보고 신청했다. 일요일에 아무 계획 없이 쉬는 것도 좋았지만 자원봉사를 하면서 몸을 움직이고 뜻깊은 일을 하면서 얻는 보람도 컸다. 몸은 조금 피곤하더라도 마음이 풍성해지니 자원봉사 또한 내 나름대로의 휴식이라는 생각이 들었다. 봉사활동을 마치고 집에 돌아올 때면 더 열심히 돕고 살아야겠다는 생각과 함께 삶에 감사한 마음이 들었다.

다음으로 내가 면접을 등록할 때 작성했던 자원봉사활동 실적이다.

○ **자원봉사활동 시간**
50시간

○ **자원봉사활동 배경**
스무 살 초반에 독서 모임을 하면서 봉사활동도 같이 하게 되었습니다. 쪽방촌 아이들을 무료로 돌봐주는 비영리단체에 가서 청소와 책장 정리를 하는 일이었습니다. 그곳에서 장애 아동들과 놀아주면서 장애인들에게 불편 사항이 많다는 것을 알게 되었습니다. 이후에 VMS사이트를 알게 되어 장애인 보호시설에 가서 자원봉사 활동을 참여하게 되었습니다.

○ **자원봉사활동 내용**
도서관에서 2일간 8시간 책 정리, 중증장애인보호시설에서

5일간 33시간 생활 지원과 사회활동 지원, 복지관에서 1일 9시간 캠페인 행사 보조와 사진 촬영 봉사를 했습니다.

○ 자원봉사를 하며 느낀 점

회사에 다니면서 후원금을 냈는데, 자원봉사활동을 하면서 도움이 필요한 곳에 직접 가서 활동을 하는 것이 더 필요하다는 것을 알게 되었습니다. 저와 비슷한 또래의 중증 장애인들의 거동을 도우면서 많은 생각이 들었습니다. 몸은 성인이지만 정신 연령은 유아 수준의 중증 장애인들에게 혼자서 할 수 있는 일이란 거의 없었습니다. 불편한 몸으로 할 수 있는 표현이 한정된 그들에게 편안함을 주고, 웃음을 줄 수 있음에 감사하고 행복했습니다.

○ 자원봉사 활성화 방안

자원봉사를 활성화하기 위해 저는 ○○시청 홈페이지에 자원봉사 배너를 만들고, SNS를 활용하여 자원봉사의 필요성을 홍보해야 한다고 생각합니다. 그리고 SNS에 자원봉사활동 후기 이벤트를 하면 적극적이고 능동적인 봉사활동이 이루어지리라 생각합니다.

영어 100점 받고
일반행정직에 합격하다

❝ 도피를 위한 도전은 위험하다 ❞

경기 남부 지역에서 일반행정직 주무관으로 일하고 있습니다.

저는 공무원과 전혀 관련이 없는 관광경영학을 전공했어요. 그런
데 관광경영학 전공을 살려 취직을 하려면 취업 자리에도 한계가 있
었고, 주말에도 일해야 하는 경우가 많았죠. 저는 남들이 쉴 때 쉬고
일할 때 일하는 직업을 갖고 싶었어요. 어머니께서 공무원이셨는데
추천을 해주셔서 시험을 준비하게 되었어요.

처음에는 동네에 있는 학원에서 실강을 들으면서 공무원 공부를
시작했습니다. 그런데 이동 시간도 있고, 수업을 듣기 위해 오전 9시

까지 기다려야 하는 시간들도 아까웠어요. 그래서 인강 프리패스를 끊었어요. 기본 강의를 모두 들을 수 있고, 모의고사도 한정적으로 들을 수 있는 패키지였어요. 지방에 있다보니 노량진에 직접 가기는 어려우니 노량진 강사들의 인강을 들었죠.

시험에서 영어 과목 100점을 받았어요. 공무원 영단어는 반의어, 유의어가 정말 많아요. 공부하면서 그때그때 새롭게 찾은 영단어들을 정리했어요. 또 영단어 책에서 소개하는 단어 옆으로 반의어, 동의어, 이디엄이 있으면 단권화시켜서 나만의 기본서를 만들었어요. 그것을 보면서 처음에는 연필로 모르는 것들을 체크하고, 두 번째 볼 때에는 진한 펜으로, 공부 막바지에는 형광펜으로 체크해 빠르게 훑어봤어요. 속담이나 이디엄은 기출문제를 풀 때마다 자주 나오는 것들이 있어 따로 노트에 정리했어요.

독해는 하루에 기본적으로 풀어야 하는 양이 있는 것 같아요. 저는 매일 5~6개 정도를 풀고, 이후 하프모의고사를 알게 돼서 매일 10문제를 풀고 강의를 들었어요.

공시생이었던 그때의 제게 해주고 싶은 말이 있다면, '시험 끝나고 놀지 마라'예요. 저는 항상 시험이 끝나면 합격한 것도 아닌데 두세 달 동안을 놀았어요. 지금 생각해보면 왜 그랬는지 후회가 돼요. 시험이 끝나고 나태해져서 공부감을 잃으면, 다시 되찾느라 오랜 시간이 걸렸죠. 만약 그 기간에 놀지 않고 꾸준히 집중했다면 공시생 기간이 줄지 않았을까 싶어요.

　공부가 완성되었다고 생각하지만 한두 문제 차이로 떨어지는 게 바로 공무원 시험이에요. 내가 고등학생 때 공부를 좀 해서 공무원 시험을 보겠다는 건 위험한 발상이죠. 무조건 합격한다는 굳은 의지가 있어야만 길고 힘든 공시생 생활을 버틸 수 있다고 생각해요. 시험에 준비하다가 떨어져서 취업을 할 때 현실적으로 그간의 공시생 생활이 별로 도움이 되는 게 없는 것 같거든요.

　간절하게 합격에 대한 의지 없이 막연히 도피를 위해 공무원 시험에 뛰어든다면 시간 낭비이지 않을까 조심스럽게 이야기해봅니다.

자세한
인터뷰 내용이
궁금하다면?

5장

흔들릴수록
단단해지는
멘탈을 만들다

나는
무조건 합격한다

　수험 기간에는 오로지 내가 합격할 수 있는 방법만 생각했다. 바꿀 수 있는 것과 바꿀 수 없는 것, 할 수 있는 것과 할 수 없는 것을 구분하여 실천했다.

　1년 6개월 동안 공부하는 날에는 하고 싶은 것보다는 해야 하는 것에 집중했다. 휴식하는 날로 정해놓은 일요일에는 하고 싶은 것들을 하면서 흔들리지 않고 멘탈을 바로 잡을 수 있었다.

멘탈 관리를 잘해야만 계획한 대로 합격에 도달할 수
있다. 온전히 공부에만 몰두할 수 있도록 공부에 모든 집
중을 쏟아부어야 한다.

공부가 마음처럼 되지 않을 때, 갑자기 쉬고 싶을 때,
슬럼프가 올 것 같은 느낌이 들 때를 대비해 멘탈 관리에
더욱 신경을 썼다. 쉽지 않은 공시생 생활 동안 슬럼프가
오지 않으리라고 생각지 않았기에 슬럼프를 인정하고 대
처하는 방법들을 알아갔다.

나는 주로 독서를 하면서 멘탈 관리법을 터득했다. 슬
럼프가 오려 할 때마다 책에서 배웠던 것들을 체화하여 나
만의 글귀로 만들어서 주문처럼 읊었다.

> · 답은 이미 알고 있다. 우리는 무엇을 해야 하는지 알고 있다. 그렇게 하
> 면 된다.
> · '나는 왜 안 되지?' 보다 '어떻게 된 거지?'를 생각하자.
> · 변명보다는 할 수 있는 일에 집중하자. 합격하지 못할 이유는 없다. 핑
> 계일 뿐이다.
> · 공부법은 배우면 되고, 공부는 하면 되고, 마음은 고쳐먹으면 된다. 안
> 된다고 생각하지 말자.

· 합격자들이 말하는 꿀팁들은 즉시 따라 해보자. 해서 안 되면 다른 좋은 것을 또 해보자. 아무것도 안 하는 것보다 시행착오를 빨리 겪어야 합격할 수 있다.

· 오늘 지금, 공부를 게을리 하는 이유는 합격이 그렇게까지 간절하지 않기 때문이다. 합격을 원한다면 오늘, 지금 열심히 공부를 하자.

집중을 놓치지 않기 위한
도구 활용법

순공 시간만큼이나 중요한 것이 바로 집중하는 시간이다. 집중을 방해하는 것과 집중을 도와주는 것에는 어떤 차이가 있을까. 오롯이 공부에만 집중할 수 있도록 내가 실천했던 두 가지 도구 활용법이 있다.

☑ 핸드폰 요금제는 일시 정지로 변경하기

하루 종일 핸드폰을 가까이에 두고 있으니 공부에 집중하다가도 가끔 진동이 울리면 핸드폰을 봤다. 그럴 때마다 자연스레 핸드폰을 들면 친구들과 메시지를 하거나 SNS를 보는 것으로 이어졌다. 핸드폰을 하는 시간은 잠깐이라지만 핸드폰을 하다가 다시 공부에 집중하려고 하면 잘 되지 않았다. 이런 패턴이 몇 번 반복되면서 공부에 지장이 생기자 공부할 때만큼은 핸드폰을 가지고 있지 말아야겠다는 생각이 들었다.

핸드폰을 멀리하기로 결심하고 내가 가장 먼저 했던 행동은 '비행기 모드'였다.

인강을 들을 때, 복습할 때, 문제 풀이 할 때 등 집중 공부를 할 때는 핸드폰을 비행기 모드로 바꿔놓았다. 또한 아침 이동 시간, 점심, 오후 쉬는 시간, 집 가는 시간 외에는 핸드폰 알림이 없는 이상 먼저 핸드폰을 보지 않았다.

SNS 하기를 워낙 좋아해서 단박에 끊기가 어려웠다. 그래도 비행기 모드로 해놓으니 알람이 울리지 않아 핸드폰을 덜 신경 쓰게 되었고, 불시에 울리는 진동 소리가 없어 나도 모르게 핸드폰으로 손이 가는 것을 막을 수 있었다. SNS는 공부 외 시간에 했다.

직장인 공시생 시절에는 데이터 무제한 요금제를 사용했다. 이동 중에 인강을 듣기도 했고, 어플을 통해 영단어 암기를 했다. 그러나 전업 공시생이 되면서 이동 시간이 줄어 핸드폰으로 인강을 보는 대신 노트북으로 인강을 들었다. 이동 시간에 이용하던 핸드폰을 모두 노트북으로 대체했다. 자연스럽게 SNS 사용 시간이 줄어 요금제를 변경해도 되겠다는 생각이 들었다.

요금제는 가장 저렴한 요금제로 줄였다. 그러다보니 더욱 핸드폰 사용할 일이 없어서 수신 전화만 가능한 일시 정지로 변경했다. 수신 전화만 가능했으니 SNS는 할 수도 없었다. 주말이면 연락하던 친구들에게도 요금제가 바뀌어서 수신만 가능하다고 양해를 구했다. 내 상황을 알고 있는 친구들이었기에 모두 이해하고 응원해주었고, 시험기간 동안 더 독립되어 공부할 수 있었다.

이후 필기시험을 마치고 나서 바로 무제한 요금제로 변경했다. 필기시험이 끝나고 나서는 며칠 동안 혼자 여행을 다녔고, 그동안 친구들과 밀렸던 연락을 주고받다보니 핸드폰을 놓을 새가 없었다.

집중을 방해할 요소를 차단하기 위해서라도 핸드폰은 최대한 멀리해야 한다. 단, 어플로 공부를 하거나 순공 시

간 체크 및 플래너를 사용하는 공시생들에게는 최저 요금
제로 바꾸길 추천한다. 돈도 아끼고 집중력도 유지할 수
있는 방법이다. 의지에 그치지 않고 스스로 집중할 수 있
는 환경을 만드는 것이 중요하다.

☑ 스톱워치로 집중 시간과 순공 시간 파악하기

공부하다보면 계획했던 공부 시간과 순공 시간이 불일
치하는 경우가 많다. 나 역시 이러한 문제에 부딪혔다. 과
연 내가 계획한 공부 시간과 실제 순공 시간을 일치하게
할 수 있는 방법이 뭘까?

고민 끝에 스톱워치로 집중 시간과 순공 시간을 파악
해보기로 했다. 이 방법은 모든 공시생들에게 추천하는 방
법은 아니다. 집중 시간, 순공 시간을 파악하는 일이 스트
레스가 된다면 이 방법은 넘어가면 된다.

전업 공시생이 되어 처음에는 나도 순공 시간 기록용
으로만 스톱워치를 사용했다. 워낙 기계치이기도 했고, 오
로지 순공 시간 체크용이었기에 많은 기능이 필요하지 않
았다. 요즘에는 진동 알람, 디데이 등 스톱워치 기능이 다
양한데 순공 시간 체크용으로만 사용할 거라면 고장 나지
않는 기본 제품을 추천한다.

스톱워치를 쓰면서 계획했던 공부 시간만큼은 순공 시간으로 채우고 싶었다. 전업 공시생 때 주 6일 최소 60시간을 목표로 했고, 계획한 시간은 채워야 한다는 욕심에 순공 시간을 성공하는 기쁨에 도취되었다. 하지만 매일 순공 시간만 기록하다보니 아쉬움이 남았다. 순공 시간은 10시간을 채웠는데 공부 목표량은 계획한 대로 달성하지 못하는 날이 늘었다. 스톱워치로 순공 시간만 체크하기에는 공부 효율이 높아지지 않았다. 그래서 집중 시간과 순공 시간을 나눠서 파악했다.

스톱워치를 활용해 한 달간 집중 시간과 순공 시간을 파악하다보니 공부 패턴을 확인할 수 있었다. 시간을 플래너에 기록한다면 더 효과적으로 나의 공부 패턴을 알고 효율적인 공부 방법을 찾는 데 도움이 된다.

나는 오전 9시부터 12시까지 3시간 동안 집중이 가장 잘 됐고, 월요일부터 수요일까지는 거의 100퍼센트 목표한 공부 범위를 달성했다. 그러나 목요일부터는 점차 계획이 흐트러졌고, 가끔은 반나절 동안 집중이 안 돼서 휴식을 취해야 했다. 월요일에서 멀어질수록 의지가 조금씩 식어갔고, 체력적으로도 마찬가지였다. 그래서 주 후반에 갈수록 계획을 더 여유 있게 세웠다. 공부하는 날 오전에는 무조건 영어 공부부터 시작했고, 목요일부터 토요일 오후에는 좋아하는 과목을 계획해서 집중 공부할 수 있도록 했다. 국어 과목을 좋아해서 국어 공부를 하거나 전공과목 공부를 하거나 또는 문제집을 풀었다. 이론 공부보다는 문제 풀이가 더 집중이 잘 돼서였다.

순공 시간이 길다고 해서 공부의 질이 좋은 것은 아니다. 매일 스톱워치로 집중이 잘 되는 시간, 안 되는 시간을 구분하여 체크하며 나를 좀 더 객관화해서 볼 수 있고, 공부의 질을 높일 수 있다.

공부 전후
멘탈 관리

　매일 계획한 대로 열심히 공부한다면 얼마나 좋을까. 그렇지만 '열심히 공부하기'란 말처럼 쉽지 않다. 무작정 공부한다고 해서, 책상 앞에 앉아 있다고 해서 열심히 공부했다고 할 수 있을까?

　긴 공시생 생활 동안 마음이 흐트러지지 않게 무던히 애를 썼다. 공부를 꾸준히, 그리고 열심히 하게 하는 힘은 멘탈 관리에 달려 있다고 해도 과언이 아니다. 내가 공시생 생활을 하며 공부에 들어가기 전, 공부가 끝난 후에 늘 했던 다짐이 있다.

'나는 무조건 합격한다.'

이 다짐을 늘 새기며 다짐이 현실이 될 수 있도록 몇 가지 방법을 통해 계속해서 합격의 주문을 외웠다.

☑ 플래너에 오늘의 다짐 쓰기

위클리 플래너를 사용하면서 한 주를 계획할 때, 그리고 매일 공부 시작 전에 다짐을 썼다. '나는 무조건 합격한다.' 유치하지만 이 문장을 적고 나면 괜스레 힘이 나고 나니까, 나라서 무조건 합격할 것 같았다. 계획도 잘 세웠고, 계획한 대로 80퍼센트 이상씩 차근차근 공부하고 있기 때문에 나름 이유 있는 자신감을 가질 수 있었다.

공부가 끝난 뒤에는 오늘 했던 공부량을 체크하고 또다시 다짐했다.

'오늘도 수고했어. 무조건 합격하자.'

매일 이런 다짐으로 하루를 시작하고 마치는 습관을 들이면 어느새 정말 합격한 내 모습을 보게 될 것이다.

☑ 가족 톡방에 오늘의 목표 쓰기

공부하면서 힘들거나 스트레스 받는 일을 가족에게나 친구들에게 잘 털어놓지 않았다. 이 모든 상황이 내가 선택한 결과고, 그렇기에 스스로 감당해야 한다고 생각했다. 훗날 지금 겪는 힘듦을 내 힘으로 극복한 후에 '그때 많이 힘들었지' 하면서 웃으며 털어놓고 싶었다.

하지만 그렇게 마음을 먹었는데도 혼자 감당하기 어려운 파도가 밀려올 때가 있었다. 그때면 미안하지만 어쩔 수 없이 친한 친구 몇 명에게 연락을 걸었다. '나 요즘 너무 힘들어.' 뚜렷한 해결책이 있지 않아도 그동안 시험 준비를 하면서 고여 있던 답답함, 혼자서 끙끙 앓던 속 이야기를 나누는 것만으로도 위로가 되고 갑갑한 마음이 조금은 해소되었다.

그러나 힘들 때마다 주변 사람들에게 하소연하는 것은 서로에게 좋지 않은 일 같았다. 좋은 말도 여러 번 하면 듣기 싫어지는 것처럼 더욱이 힘든 말을 듣는 일이 여러 번 이어지면 듣는 사람도 지치고, 말하는 사람도 좋은 생각이 아닌 힘든 쪽으로만 생각하게 되고 행동하게 될 것 같았다. 내가 믿고 의지하는, 내가 사랑하는 사람들에게 힘들다는 말로 그들마저 힘들게 할 수 없었다. 힘들다는 말 대신 힘이 나는 말을 해야겠다고 다짐했다.

매일 공부하기 전, 가족 톡방에 목표를 써서 보냈다. 가끔은 명언을 보내기도 하고, '우리 가족 오늘도 힘내자!' 하고 응원을 보내기도 했다. 가족 톡방에 목표를 공유하니 꼭 해내야 할 것 같았다. 내가 보낸 메시지에 가족들이 한 마디씩 답장을 보내주면 그보다 힘이 나는 응원이 없었다. 부모님께서는 직장에 나가 돈을 벌고 계셨기에 꼭 합격해서 기쁨을 드려야겠다고 마음을 다잡았다. 돈 버는 일보다 공부하는 것이 더 쉬울 테니까.

공부가 끝난 후에는 집으로 돌아가기 전에 오늘 달성한 목표를 가족 톡방에 공유했다. 적어도 목표의 80퍼센트 이상을 달성했다. 플래너에 적어놓은 리스트 중 오늘 하루 공부를 마쳐서 밑줄을 그어놓은 것들을 보시고 '오늘 하루도 고생했다. 우리 딸이 최고!'라는 부모님의 말씀에 저절로 힘이 나고 이대로만 공부하면 합격할 수 있을 것 같은 마음이 들어 공시생 기간을 버티는 데 큰 힘이 돼주었다. 어머니께서 하신 말씀이 아직도 기억에 남는다.

"직장 다니면서도 그렇게 열심히 공부했는데 합격할 수밖에 없지. 미소가 존경스럽다. 엄마는 그렇게 못했을 거야. 의지가 정말 대단해."

캄캄한 터널 같았던 내 공시생 생활에서 두려움을 물리쳐준 한 줄기 빛 같은 말이었다. 엄마가 날 이렇게 믿어주는데 못 할 것이 없었고, 두려울 것이 없었다.

가족 톡방에 목표를 남기기 부끄러울 수 있다. 그러나 공시생 때는 가족과 보내는 시간이 정말 적다. 학원, 도서관, 혹은 독서실에서 공부를 하면 더 그렇고 집에서 공부한다 해도 대화를 나눌 시간이 부족하다.

가족 톡방에서라도 다짐의 말을 건네며 못다 한 대화를 나눠보는 것은 어떨까. 오그라들겠지만 용기를 내서 한 번 해보면 분명 멘탈 관리에 도움이 될 것이다.

☑ 책에 공무원이라고 쓰기

새 학기에 새 책을 받으면 표지 바로 뒷장에 이름을 써넣었다. 공무원이 되고픈 마음이 간절해서 '환경직 공무원 김미소'라고 써넣었다. 행여 누가 볼까 봐 부끄럽기도 했지만 다행히도 혼자 공부하다보니 그런 일은 없었다.

공무원 인터넷 카페 아이디를 '공무원 합격 ○○○'으로 한다거나 합격 수기에 비밀번호를 '공무원 합격'으로 바꿨다는 분들도 있었다. 아이디와 비밀번호까지 바꾸진 않았지만 매일 보는 책에 '환경직 공무원 김미소'라고 써 두니 이미 공무원이 된 것 같은 느낌과, 반드시 지금 느끼는 설렘과 뿌듯함을 성취하기 위해 힘을 내게 되었다.

일찍 일어나는
공부가 합격을 잡는다

    퇴근 후에 공부해본 경험이 있는 직장인이라면 매일 같은 루틴을 반복하는 것이 너무나 어려운 일임을 알 것이다. 매일 공부 시간을, 그것도 고정적인 시간을 어떻게 만들 수 있을까.

    직장인 공시생이라면 새벽 공부를 해보길 권장한다. 새벽 공부 시간만 확보한다면 더 빠르게 합격에 도달할 수 있다.

직장인 공시생 때는 출근 전 아침 시간에 집중해서 공부했다. 평일 매일 새벽마다 공부하는 습관을 들이기가 처음부터 잘되지는 않았다. 하지만 퇴근 후에 피치 못할 일이 생기기도 하고, 몸이 지치면서 마음도 흐트러지기도 해서 아침에 고정된 시간을 확보해야 했다.

퇴근 후에 일이 생겨서 공부를 하루 미루면 처음이 어렵지, 전날 미뤘던 공부에 오늘 공부 양까지 모두 마치기란 어려운 일이다. 계획표도 수정해야 하기 때문에 계획을 수정하는 시간도 더 소요된다.

새벽 공부를 시작하고 몇 주 간은 의지로 버티며 4시 30분에 일어나 공부 계획을 세웠지만 알람이 울려도 다시 끄고 잔 적이 많았다. '일어나야 하는데…… . 에이, 5분만 더 자자.' 그렇게 5분이 지나 또다시 5분을 미루고, 5분을 더 미루면 결국 출근 준비를 해야 하는 시간에 일어났다.

아침 일찍 몸을 일으키는 일이 가장 어려울 텐데, 내가 했던 효과적인 기상 방법 한 가지라면 잠에 들기 전 핸드폰을 5보 옆에 두는 것이었다. 그리고 아침에 핸드폰 알람이 울리면 다섯 발자국을 떼서 알람을 껐다.

다섯 발자국 걷는다 해서 잠이 확 깨지는 않지만 다시

침대로 들어갈 확률이 적다. 최근 아침 기상 관련 책을 읽으며 알게 된 사실 중 하나가 일어나서 곧장 이부자리를 정리하면 다시 침대로 돌아갈 확률이 적어진다고 하니 참고하자.

아침에 공부한 사람이라면 알 것이다. 내가 이 좋은 걸 왜 이제야 알았지?

매일 합격을 다짐하며 눈을 뜨고 양치질을 한 다음 스트레칭을 마치고 자리에 앉아 공부를 했다. 아침 공부를 하면서 '나는 아침형 인간이구나'를 알았다.

그렇지만 올빼미형이라고 해서 쉽게 새벽 공부를 마다해서는 안 된다. 아침 일찍 몸을 일으키는 일이 힘들겠지만 시도해보고 새벽 공부의 이점을 알게 되면 습관으로 자리 잡는 것은 시간문제다.

평일에 3번만 일찍 일어나서 공부해도 성공이라는 마음으로 평일에 반드시 3번은 새벽 공부를 했다. 그러다 점차 새벽 기상이 익숙해져서 한 달쯤 됐을 때에는 주 4회 이상으로 습관이 잡혔고, 전날 퇴근 후 저녁에 늦게 자는 날이 아니라면 주 5회도 가능해졌다.

아침에 미리 공부를 하고 출근하면 저녁 공부도 조금 수월해진다. 조바심보다는 여유로움이 생긴다. 공부에서의 여유로움이 아니라 마음의 여유로움 말이다.

새벽 공부를 성공하면 아침이 뿌듯하고 저녁에도 조바심 없이 온전히 공부에 집중할 수 있다. 새벽 공부로 아침마다 뿌듯한 기분을 경험해보길 바란다.

불안을
극복하는 방법

    열심히 공부하는데 점수가 오르지 않고 도리어 떨어질 때, 목표한 점수가 나오지 않을 때 불안하다. 다가오는 시험에서 긴장하다 실수해서 합격하지 못하면 어쩌지 하는 마음이 떠오르면 기다렸다는 듯이 나쁜 생각이 꼬리에 꼬리를 물기도 한다.

    합격에 대한 확신이 사라질 때 큰 불안감에 휩싸이곤 했다. 시험이 다가올수록 불안감은 점점 더 몸집을 불렸다. 여태까지 잘해왔다고 생각했는데 한 문제라도 틀리거나 계획한 대로 일정이 되지 않으면 예민해졌다. 회사까지 퇴사하고 치른 시험이기에 더 부담이 되었다. 불안감을 극복하기 위해 도서관 근처로 친구를 불러서 수다를 떨기도 하고, 남들의 시선에 개의치 않고 펑펑 울어보기도 하고, 최대한 딴생각은 벗어던지고 명상을 해보기도 했다. 그럼에도 불안감은 쉽게 사라지지 않았다.

시험이 한 달 앞으로 다가왔을 때, 시간이 언제 이렇게 빨리 지나갔나 싶었다. 30, 29, 28…… 시험 날짜가 촉박해질수록 멘탈이 바사삭 부서질 것만 같았다. 1년에 한 번 있는 시험이기에 이번 기회를 날리면 다시 1년을 기다리고 공부해야 한다는 중압감을 홀로 견디기 어려웠다.

사실 불안을 극복하는 방법은 간단하다. 불안한 생각을 하지 않는 것. 이렇게 명쾌한 해결 방법이 있는데, 행동은 잘 이뤄지지 않는다.

'불안한 생각을 하지 말아야지' 하는 순간 모순적이게도 불안한 생각은 머리에서 지워지지 않는다. 그래서 더 현실적이고 효과적인 방법이 필요했다.

머리로만 생각을 정리하려고 하면 생각들이 얼기설기 뒤섞여서 돌파구를 찾지 못한 채 긴 시간을 끙끙 앓게 된다.

그럴 때에는 일단 무엇이든 적어보자. 정갈하게 글을 써야 한다는 부담은 내려놓고 편하게 낙서하듯 지금 내가 어떤 기분이고, 무엇 때문에 힘든지 차근차근 쓰면 된다. 그렇게 나 자신을 따라가다보면 불안함의 원인과 그것을 어떻게 극복하면 좋을지 실마리가 보일 것이다.

나도 시험을 보기 전에 불안함이 너무나 커져서 내 감정을 편하게 쭉 적어봤다.

빈 종이 위에 적힌 걱정들을 마주하면 마음이 바닥으로 가라앉을 줄 알았는데, 오히려 그것들을 쏟아내고 나니 해결 방법이 보이기 시작했다.

'시험에 떨어지면 어떡하지' 하던 걱정은 '나는 반드시 합격한다! 지금까지 해왔던 것처럼 끝까지 해서 무조건 붙자!' 하는 다짐을 더 불태우게 만들었고, '시험에 떨어지면 재취업해야 하는데 잘할 수 있을까' 하던 걱정은 '이번 시험이 마지막 기회니까 불합격하면 깨끗하게 포기하고 재취업하자. 대신에 공시 준비하면서 영어 공부도 했으니까 취업 준비하더라도 다 잘될 거야'라며 스스로를 다독일 수 있었다.

요즘도 너무 불안하다. 빨리 불안을 떨쳐버리고 싶다.

생각하지 않으려 해도…… 무조건 합격한다는 생각을 해도 어느 순간 불쑥 불안이 찾아온다.

내가 불안하다고 느낄 때가 언제일까.

공부가 너무 하기 싫을 때, 오늘은 좀 쉬고 싶다는 생각이 들 때, 안주하고 싶을 때, 기분이 우울할 때, 오늘 하루 계획대로 되지 않을 때, 날씨는 좋은데 갇혀서 공부한다는 느낌이 들 때, 이렇게 해도 될까 스스로 의심스러울 때 등등.

오늘은 다 해당된다. 공부하기도 싫고, 쉬고 싶고, 우울하고, 날씨도 너무 좋다. 그래도 해야 할 공부가 너무 많다.

오늘은 또 어떻게 극복할까? 내가 할 수 있는 최선은 뭘까? 생각을 다시 해보자.

내가 공부를 잘할 수 있게 환경을 만들어보자. 모든 걸 공시 생활에 맞춰보자.

지금 생활에서의 최선의 공부 환경이 뭘까?

직장을 다니면서 최소 공부 시간을 확보하는 것.

내 루틴을 잘 수행할 수 있도록 아침 일찍 일어나는 것.

퇴근 후 다른 생각이 들기 전에 바로 도서관으로 향하는 것.

나만의 약속을 꼭 지키려고 노력할 것.

열심히 하고 있는데 점수가 오르지 않는다면? 포기할 줄도 알 것.

내 실력을 인정하고 다른 합격 수기를 보면서 다시 전략을 짤 것.

공부법이 맞다면 내 실력이 부족하거나 제대로 집중을 안 했거나, 이유가 있을 것이다. 그 이유를 찾고 방법을 바꿔보자.

무작정 공부하는 것보다는 나를 돌아보면서 공부하는 게 좋다.

내가 온전히 몰입할 수 있는 환경에서 공부하는 것.

시간은 오전, 장소는 독서실이나 도서관일 때 공부가 잘 된다.

지금 공부할 수 있는 시간이 정말 감사하고 행복하다. 주문을 외우자. 행복하다. 언제 또 이렇게 1년 넘게 나를 위해, 한 가지를 위한 공부를 할 수 있을까?

직장생활하면서 공부하는 게 힘들기는 하다. 그럼에도 공부에 전념하는 시간은 모든 외부 스트레스를 내려놓는 꿈같은 시간이다. 나에게 집중할 수 있는 시간이다.

공부할 수 있는 시간에 감사하자.

오로지 공부만 할 수 있는 이 시간, 정말 감사하다.

나는 지금도 나를 위해 공부하는 시간이 행복하다.

— 직장인 공시생 때 일기 중에서

내가 왜 불안한지와 어떻게 극복해야 할지 꼭 한번 적어보기를 바란다.

만약 시험이 임박해 그럴 시간이 없다면? 불안한 마음을 억누르고 공부를 계속해봐야 소용이 없다. 불안한 마음은 머릿속을 떠나지 않고 맴돌 테니까. 차라리 10분 동안 어지러운 생각을 차분히 정리하고 다시 공부에 집중하는 것이 효과적이다. 10분 동안이라도 지친 마음을 위해 투자하자. 그래야 목표 지점까지 무사히 완주할 수 있다.

하고 싶은 것도 안 하고, 놀고 싶은 것도 참고, 자고 싶은데 깨어 있고, 먹고 싶은 것도 안 먹으며 공부했다. 이것만으로도 정말 대단하지 않나.

밖에 나가서 적당한 햇볕 아래에서 따듯한 차 한 잔을 옆에 두고 하늘도 쳐다보면서 꿈을 좇기 위해 열심히 공부했던 과거를 돌이켜보자. 공시생활, 정말 힘든 일을 치르고 있는 것이다. 열심히 수험생활을 해내고 있는 나 자신에게 아낌없이 칭찬해주자. 그리고 그동안 고생했던 지난날들을 후회하지 않도록 잘할 수 있다는 주문을 외우며 한 번 더 힘내보자. 지금까지 해왔던 대로만 하면 된다. 분명 합격한다.

공시생 불안감
극복 방법

슬럼프를 인정하는
용기가 필요하다

공시생 생활을 하기 전까지는 슬럼프라는 단어를 쓸 일이 없었다. 그런데 공시생이 되자 '슬럼프'라는 말을 듣기만 해도 슬럼프가 올 것 같았다.

슬럼프의 정의를 찾아보았다. '운동 경기 따위에서, 자기 실력을 제대로 발휘하지 못하고 저조한 상태가 길게 계속되는 일'이라고 한다. 그러나 나는 이에 동의할 수 없다. 여기에는 생략된 말이 있다.

그것은 바로 '열심히'다. 슬럼프란 열심히 하지만 경기력이 향상되지 못하고 제자리에 머물러 있는 현상이라고 생각한다.

무언가를 하지 않으면 슬럼프는 오지 않는다. 내 꿈을 위해 열심히 공부하면서 내게도 슬럼프가 찾아왔다. 열심히 노력하지만 어느 순간 실력을 제대로 발휘하기 어렵다는 생각이 들었다.

1년 6개월간 공부하면서 직장인 공시생일 때도, 전업 공시생일 때도 슬럼프는 늘 찾아와 나를 괴롭혔다. 전날 잠을 제대로 자지 못했거나 회사에서 피곤한 일이 있었거나 아는 문제를 틀렸을 때 스트레스가 쌓이고 집중이 잘 안 됐으며 그것이 슬럼프로 이어졌다.

하던 대로 공부해도 점수가 오르지 않으니 의욕이 떨어졌다. 계획한 대로 해야 하는데 생활 리듬이 무너지고, 슬럼프에 좌절하고 마는 내가 싫었다. 안 좋은 생각에 공부도 안 되고, 우울감은 심해져 자책하는 날들이 많아졌다.

슬럼프를 극복하겠다며 더 열심히 공부해보려 했지만 쉽지 않았다. 처음에는 의지로 가능했지만 시간이 갈수록 쉬고 싶었다. 뒤늦게 깨달은 사실이지만, 깊은 슬럼프에 빠졌을 때에는 애써 외면하려 허우적거리기보다는 그것을 받아들이는 용기가 필요했다.

나는 3개월에 한 번 꼴로 슬럼프가 찾아왔고, '3개월마다 찾아오는 이 슬럼프를 잘 겪어야 합격한다'며 슬럼프를 인정했다.

슬럼프는 내가 열심히 했다는 증거라고 생각하면 마음이 한결 나아졌다. 슬럼프가 왔다고 불안해하지 말고 있는 그대로를 받아들이자. 그리고 슬럼프를 극복할 나만의 방법을 찾아보자.

슬럼프가 왔다는 것은 과부하가 걸려 쉬어야 한다는 신호다. 자책하지 말고 슬럼프를 인정하고 반나절이나 하루 정도 휴식을 취하기를 바란다. 내면에서 보내는 신호를 무시하고 계속해서 책을 붙들고 늘어진다고 해도 공부 효율은 떨어지기 마련이다. 그래서 휴식을 취하면 확실히 회복된다.

슬럼프를 극복하는 나만의 방법 중 또 하나는 토요일 낮에 친구와 함께 점심을 먹는 것이었다. 직장인 공시생 초기에는 직장생활과 병행하려니 힘들고 외로운 감정이 컸다.

그럴 때 토요일 낮에 도서관 근처에서 친구를 만나 1시간 동안 점심식사를 함께했다. 그러면 오후에 힘을 내서 공부에 집중할 수 있었다. 그러나 처음에는 딱 1시간을 정해두고 친구를 만났는데, 막상 친구와 만나 밥을 먹으며 수다를 떨다 보니 더 놀고 싶은 마음이 커져 점심시간이 길어졌다.

처음에는 친구와 만나 스트레스를 풀며 슬럼프를 무사히 넘기나 싶었다. 그러나 친구와 노는 시간이 길어질수록 공부 시간이 줄어드니 조바심이 들고 슬럼프를 쫓아낼 수 없었다. 슬럼프를 극복하기 위해 즐거움을 선택했는데 계획한 시간보다 더 놀다보니 점점 공부하기 싫다는 생각까지 들었다.

힘들고 외로운 감정을 참지 못하고 친구를 만나게 되면 그 주에 계획한 공부를 모두 끝마칠 수 없었다. 그래서 정해진 1시간을 지키며 그 안에서 친구와 최선을 다해 놀고 점심시간이 끝나면 돌아와 공부를 계속했다. 공부에 방해되지 않는 선에서 스트레스를 해소하고 나니 슬럼프도 자연스레 내 곁을 떠나갔다.

분명 열심히 공부하는 것 못지않게 잘 쉬는 것도 중요하다.

한 달 전부터
시험 전날까지 멘탈 관리

시험이 한 달 앞으로 다가왔다면 무엇보다 나를 믿어야 한다. '이게 맞는 건가?'라며 물음표를 달기보다는 '이게 맞다!'라며 느낌표를 가지고 끝까지 나를 믿고 나아가야 한다.

시험이 한 달 앞으로 다가왔을 때, 나는 매일 아침저녁으로 4가지 확언을 외치며 합격을 다짐했다. 그리고 이 다짐들로 시험 당일까지 멘탈 관리를 하는 데 성공했다.

첫째, 나는 무조건 합격한다!

열심히 공부했다면 자신을 믿고 무조건 합격한다고 생각하자. 계속해서 되뇌다보면 바람이 확신이 되고 확신은 현실로 이루어진다.

둘째, 시험에는 내가 아는 문제만 나온다!

시험에는 내가 아는 문제만 나오고, 행여 내가 모르는 문제는 다른 사람들도 어려워하고 똑같이 모를 것이라는 생각으로 어려운 시간을 견디는 중인 내게 자신감을 북돋워 주었다.

셋째, 모르는 문제일지라도 잘 찍어서 맞힌다!

아무리 모르는 문제라도 그동안 쌓아온 공부 실력이 있으니 4지 선다 중 적어도 하나는 오답인 선택지를 골라낼 수 있다. 그렇다면 남은 3개의 선택지 중 '내가 찍은 답이 맞는다!'라는 생각을 가졌다.

넷째, 나의 합격 수기를 남긴다!

마음이 조마조마하고 불안할수록 합격 수기를 많이 찾아봤다. 공시생 생활을 하면서 지금 내가 느끼는 불안감, 초조함을 합격자들도 똑같이 느끼고 있었다. 그 모든 과정을 거쳐 합격을 이루어냈다고 말하고 있었다. 합격 수기들을 읽고 나니 동기 부여를 받기도 하고, 그들도 나와 같은 감정을 느끼고 극복했다는 데에서 '나만 그런 게 아니었구나' 하며 위로를 받기도 했다. 특히 시험 한 달 전에는 아무리 마인드 컨트롤을 하려 해도 잘 되지 않았지만, 그럴수록 합격 수기나 명언들을 찾아보았다.

나아가 '나도 꼭 합격 수기를 남기고 만다!'라고 다짐하면서 마인드 컨트롤을 했다. 합격한 내 모습을 상상하며 공부하니 설레기도 하고 열심히 해야겠다는 의지가 샘솟았다.

불안한 마음이 컸을 때에는 마음이 자꾸만 싱숭생숭해서 좋지 않은 생각들이 막 쏟아져 공부가 머리에 잘 들어오지 않았는데, 의지가 생기고 마음이 조금 가벼워지니 덩달아 공부 능률도 높아졌다.

만화 《베르세르크》 중에서 '도망쳐 도착한 곳에 낙원이란 없다'라는 대사가 있다.

우리에게 도망칠 곳은 없다. 가야 할 곳만이 정해져 있다. 오로지 하나만 생각하면 된다.

"나는 무조건 합격한다!"

시험을 치르는 그날까지 지금껏 해왔던 페이스대로만
한다면 분명히 합격할 것이다. 하루하루 해왔던 대로 하
고, 도망치지 말고 끝까지 해보자. 그렇게 나 자신을 독려
하고 미래의 공무원이 될 나를 응원했다.

합격을 위한
마무리 멘탈 관리법

나만의
슬럼프 극복

66   슬럼프를 극복하고 나아가다   99

◎ 이윤규 변호사

보통 낙차감을 느끼는 순간 슬럼프가 왔다고 느끼는데, 우선 슬럼프는 기준점을 다르게 해석해야 해요. 낙차감을 느끼는 주기를 평균으로 냈을 때, 지금 이 시기에 올라가지 않으면 영원한 슬럼프에 빠져 있거나 공부를 하고 있지 않다는 뜻이 되죠. 그러나 반대로 상승선을 띠고 있다면 그때는 반등을 위한 기회예요. 몸이 쉬어야 한다는 신호를 보내고 있다고 볼 수 있습니다. 또한 슬럼프인데 슬럼프가 아니라고 느끼는 경우도 있어요.

극단적이긴 하지만 저는 3시간씩 자며 공부를 했어요. 아침에 일어나는 게 너무 힘들어서 침대 끝에서 잠을 잤는데, 그래야 굴러 떨어지면서 일어날 수 있었거든요. 알람은 무조건 30개씩 맞췄고요.

'정신이 몽롱한 상태에서는 공부가 안 된다?'라는 말은 공부하기 싫다는 말과 같다고 생각해요. 필사적으로 한다면 안 되는 게 없어요. 상황에 맞춰 최선의 공부를 하면 됩니다.

'컨디션을 만들어야만 공부가 된다'라고 착각하지 않았으면 해요. 졸리면 전날 봤던 공부 내용을 확인하면서 워밍업을 하고, 아침에 잠이 덜 깼다면 시리얼을 씹으면서 공부했어요. 워밍업이 되면 가속도가 붙고, 잠이 깨고, 공부 내용이 기억나면서 점점 컨디션이 올라와요. 전력 질주가 아니면 공부하는 게 아니라고 생각하는데 그게 아니라 상황과 나의 컨디션에 맞춘 공부를 하면 됩니다.

자세한
인터뷰 내용이
궁금하다면?

◎ 변리사 Y씨

매일 반복되는 독서실에서의 생활이 갑자기 지루해지고 '내가 왜 이걸 하고 있지?' 싶은 생각이 들 때가 있어요. 그러면 지금 하고 있는 모든 것들을 다 때려치우고 싶어지죠. 이런 슬럼프가 6개월에 한 번씩 주기적으로 왔어요. 아무것도 하기 싫은데 그런 내 모습에 부모님께 한없이 죄송하고……. 그게 가장 힘들었어요. 공부하는 시간마다 한 번씩 숨이 막히더라고요.

슬럼프를 극복하기 위해 일주일에 하루는 오후 4시부터 공부는 잠시 접어두고 노는 시간으로 보냈어요. 약간의 휴식은 앞으로 나아가기 위한 발판이 돼주었어요.

그리고 스터디 그룹에 참여한 것도 슬럼프 극복에 많은 도움이 되었어요. 같은 목표를 가진 사람들과 대화하면서 외롭지 않게 공부할 수 있었죠. 스터디 그룹이라는 명목 하에 노는 것에 빠지면 안 되겠지만 공부가 주목적이 된 스터디 그룹은 저에게 공부 외에도 슬럼프를 극복할 수 있는 힘이 되었어요.

◎ 지방직 일반행정직 공무원 Y씨

공무원 시험 공부를 집에서 시작했어요. 그러다 제대로 공부하겠다고 마음을 먹고 산골짜기의 폐교를 개조해 만든 고시원에 들어가서 공부했죠. 친구랑 같이 공부하면 마음이 흐트러지기 쉬운 사람이기 때문에 외진 곳에서 혼자 공부하는 환경을 만들어야 했어요.

그런데 어쩔 수 없이 외로움이 몰려오더라고요. 하루에 시내로 향하는 버스가 8대밖에 없을 정도로 외부와 차단된 곳이었으니까요. 심지어 종일 한마디도 안 한 적도 있었어요. 무기력해져서 온종일 잠만 자기도 했죠. 그렇게 공부하다가 외롭고 힘들어서 독서실에서 펑펑 울기도 하고, 친구들에게 전화해서 하소연도 하면서 버텼어요.

공시생 생활이 힘든 건 당연해요. 그렇지만 울고, 하소연하고, 마음에 응어리진 것들을 풀어내고 나면 어느 순간 힘듦을 극복하고 자리에 앉아 있게 되더라고요. 공부가 안 돼도 일단 자리에 앉아 책을 폈어요. '방황하더라도 공부를 버리지는 말자, 포기하지 말자'라는 마음으로 버티면서 슬럼프를 극복해나갔어요.

◎ 변리사 L씨

워낙 활동적인 성격이라 앉아서 공부에만 몰두하려니 슬럼프가 자주 찾아왔어요. 일주일에 한두 번씩으로 아주 잦았죠. 공부를 하다가 막히는 부분이 생기면 스트레스를 많이 받고, 공부하기 싫어질 정도였어요. 그래서 나름대로의 슬럼프 극복 방법을 찾아야 했죠.

일주일에 한두 번 저녁 시간에 짧게 축구 동호회에 나가서 축구를 했어요. 몸을 움직이고 잠시 환기시키고 나면 스트레스가 풀리고, 슬럼프에서도 점점 벗어나게 되더라고요.

꿈을 이루고
또 다른 꿈을 꾸다

입사 첫날,
모든 환상이 깨지다

두근두근 떨리는 입사 첫날, 출근 시간보다 30분 일찍 출근해 서무 주무관님의 안내를 받아 배정된 자리에 앉았다. 수습으로 발령받은 나는 폐수팀 가장 끝자리였다.

9시가 조금 넘어 신규자들과 함께 국장님께 인사를 드리러 갔다. 축하의 말을 듣고 자리로 돌아와 과장님과 선배님들에게 다시 인사를 드리니 축하의 말을 한아름 돌려받았다. 모두 환영해주시니 '정말로 공무원이 되었구나' 하고 실감이 났다.

    그렇지만 이제 막 입사한 수습이 할 수 있는 일은 자리에 멀뚱멀뚱 앉아 선배님들의 업무를 곁눈질하는 것뿐이었다. 그때 서무 주무관님께서 필요한 서류들을 말씀해주셨다. 인사기록카드, 월급통장 계좌번호, 공무원 공인인증서 등 제출한 서류들을 주무관님께서 모두 등록해주셨다. 보살핌을 받는 듯해 괜스레 기분이 좋았다.

    나름 4년의 사회 경력이 있었는데도 내 자리의 전화벨 소리가 울릴 때마다 움찔움찔했다. '전화기를 들면 뭐라고 말해야 하지?' 하고 우물쭈물하는 사이 전화는 이미 선배님들께서 당겨 받은 뒤였다.

    "안녕하세요. 대신 받았습니다. ○○○과 ○○○입니다."

    멋있었다. 짧고 간결하고 자연스러운 인사말이었다.

    "선배님, 전화가 오면 어떻게 받아야 하나요? 모르는 내용일 때에는 어떻게 하죠?"

    "사무실에 있을 때에는 내가 당겨 받을게요. 내가 없을 때에는 민원인 성함, 연락처, 민원 내용을 적어주세요."

    이어서 수습으로서 내가 해야 할 일이 무엇인지 물어보았다.

    "폐수팀 업무가 바빠서…… 파일, 우편, 서고 정리해줘

요. 수습 때에는 칼퇴하고 즐겨요. 업무 맡으면 정신없이
바빠져요."

　선배님의 그 한마디는 진짜였다. 여유로울 줄 알았던
공무원 생활, 첫날부터 그 환상이 깨졌다. 선배님의 일상
은 매일 출장과 야근의 반복이었다. 나는 같은 팀 지원 업
무를 하면서 선배님들을 도왔다. 업무가 너무 바빠 보여서
차마 모르는 것을 물어보기도 죄송스러울 정도였다. 그런
내 마음을 아셨는지 하루는 점심식사를 하는데 선배님께
서 말을 꺼냈다.
　"미안해요. 바빠서 챙겨주지도 못하네요. 낮에 출장 다
녀오고 야근하면서 서류 작업을 해야 해서요."
　"아니에요, 선배님. 바쁘신데 말씀만이라도 감사합니
다. 제가 오늘 도와드릴 일 있을까요?"
　"그럼 업체에 보낼 서류 출력해둔 게 있는데 등기 우편
작업 좀 해줄래요?"
　"네. 그리고 출장 가시기 전에 파일 정리할 것 있으면
제가 하겠습니다."
　"고마워요."

　수습이 지나고, 시보를 떼고 나서 알게 되었다. 담당자

일 때 신규자나 수습이 들어오면 알려줄 것이 많아 더 바빠진다는 것을. 수습이 지원 업무를 해준다고 해도 기본적인 전자 결재시스템을 알려주는 데에도 꽤 오랜 시간이 걸린다. 게다가 신규자가 하는 일반적인 질문들에도 일일이 답변해줘야 하니 담당자라면 바빠질 수밖에 없다.

FM의 좋은 선배님을 만나 수습 생활이 즐거웠다. 따뜻하게 대해주셨고, 칭찬도 아끼지 않고 해주셨다. 존경하고 좋아하는 선배님이라는 사실은 지금도 변치 않았다. 당시 늘 바쁜 선배님이 안쓰러웠고, 그런 선배님에게 조금이나마 도움이 되고 싶었다.

수습 2개월 동안 공무원으로서 어떻게 일해야 하는지 어깨너머로 배웠다. 또한 앞으로 내 모습이 될 선배님들의 생활을 볼 수 있었다. 예상과는 다르게 민원도, 야근도 잦았다.

편하게 지내고 싶어서, 칼퇴하고 싶어서 공무원이 되려는 공시생들이 많다. 솔직히 밝히자면 나도 공무원이 되면 취미생활도 더 즐기고, 여유로울 줄만 알았다. 부서마다 다르고 맡은 업무마다 모두 다르겠지만 업무 중에 여유를 즐길 수 있는 시간은 별로 없었다.

첫날 모든 환상이 깨지면서 오히려 정말 공무원이 된 것 같았다. '선배님들에게 물어보며 배워야지. 그리고 눈치 있게 행동해야지'라는 마음으로 2개월의 수습 생활을 마쳤다.

신규자 교육,
동기가 최고다

수습 기간이 끝나고 같은 과, 다른 팀으로 발령받았다. 서기보 시보도 떼고 드디어 지방환경서기보가 되었다. 내 업무의 경우 겨울에는 비수기였다. 사업, 인허가, 지도 점검, 민원 대응 업무였다. 그래서 다행히 적응할 시간이 충분했다. 우리 팀에는 팀장님과 나, 단 둘뿐이었다. 처음에는 팀 업무를 혼자 해야 한다는 부담감이 상당했다.

팀 직원이 혼자여서 신규자 교육을 1년 후에 갔다. 11

월 중순부터 민원이 줄어드는 시기라 그때 우리 시의 타 직렬 동기들과 일정을 맞춰 신청했다. 요즘에는 신규자 교육도 비대면으로 진행하는데 당시에는 출퇴근, 숙박 일정이 있었다. 도 전체 다양한 시, 직렬의 동기들을 만날 수 있는 기회였다. 조를 나누어 3주간 교육을 받았다. 사무실로 출근하지 않아도 된다는 사실만으로도 무언가 해방된 느낌이었다.

그러나 큰 오산이었다. 팀 이름 짓기, 조별 발표, 봉사활동, 민원인 체험, 교육, 시험 등 다양한 활동을 했다. 신규자 교육은 놀러가는 줄 알았는데 전혀 아니었다. 교육이 끝난 저녁에는 자유시간이 주어졌지만 교육 시간에는 끊임없이 수업이 이어졌다.

우리 팀은 성실함을 내세워 꽤 높은 점수를 받았다. 타 시군, 다양한 직렬들과 함께하면서 서로 의지하고 위로가 되었다. 교육이 끝나고 기분 좋게 한잔하면서 각자의 이야기를 털어놓으면서 다들 나름대로의 고충이 있음을 알게 되었다. 그게 의지가 되었고, 위로가 되었다. 공감해줄 수 있는 동기들이 있어 든든했다.

신규자 때는 동기들과의 교육이 많다. 같은 시 동기들

교육도 서너 번, 도 전체 신규자 교육 한 번, 업무 교육 등이 있다. 환경직인 나는 같은 직렬 동기가 3명이었다. 그래서 타 직렬 동기들과 따로 20명 정도의 모임을 만들었다. 같은 국에는 7명의 친한 동기가 있었다.

동기들 덕분에 어려움을 극복할 수 있었다. 팀에 선배님이라도 있으면 물어보면서 해결할 텐데, 팀에 직원이 혼자다보니 부담스러웠다. 팀장님께 여쭤보면서 했지만 어려운 부분이 많았다. 다른 팀 선배님들에게 매번 물어보기에도 한계가 있었다. 그럴 때마다 동기들과 함께 문제를 해결했다. 가끔 점심도 함께 먹고, 출근해서 업무 시간 전에 티타임을 가지기도 했다. 동기들이 많은 곳에 있어 행복했다. 역시 동기가 최고다.

공무원 월급과 승진,
복지 제도

공무원이 되고 매년 월급이 오른다는 사실이 기뻤다. 이전에 다녔던 중소기업과 확연히 다른 점이었다. 4년간 동결이었던 월급이 매년 적어도 1퍼센트씩 오른다니.

공무원이 되고 내 첫 월급은 100만 원이었다. 수습이었기에 본봉의 80퍼센트를 받았다. 작고 소중한 첫 월급이었다. 2개월 수습 후 4년의 경력을 인정받아 9급 5호봉이 되어 약 160만 원의 월급을 받았다. 중소기업에서 받은 월급보다 많은 액수였다.

첫 월급으로 부모님께 선물을 사드렸고, 몇 달간은 친구들에게 한턱을 내느라 월급이 빠져나갔다. 1년 6개월 동안 공부하느라 친구들과 연락을 자주 못했는데도 기다려주고 응원해준 고마운 친구들에게 마음을 전해야 했다.

☑ 공무원 월급

나도 벌써 6년차 9호봉이다. 현재 월급 실수령액은 약 270만 원이다. 공무원 월급은 연차가 쌓일수록 크고 더 소중한 월급이 된다.

2020년도 9급 1호봉 기본급은 19년도보다 2.8퍼센트 인상되어 약 165만 원이다. 21년도에는 0.9퍼센트 인상되어 약 166만 원이다. 5년 차만 되어도 8급 4호봉으로 240만 원을 받을 수 있다. 기본 수당에 출장비, 초과수당, 정근수당, 성과상여금, 명절 휴가비, 연가보상비 등 추가 수당이 많다. 연차가 쌓일수록 연봉은 쭉쭉 올라간다.

2021년 기준 국가직 9급 1호봉을 예시로 들면 기본급과 기본 수당만 받았을 때 약 170만 원, 기본급과 명절 수당을 받았을 때 270만 원이다. 1년차만 되어도 정근수당, 성과상여금을 받을 수 있어 1, 4, 7월은 월급이 꽤 쏠쏠하다.

☑ 공무원 승진 소요 연수

내 경우 9급에서 7급 승진이 빨랐다. 공무원 승진 소요 최저 연수는 9급 1년 6개월, 8급 2년, 7급 2년, 6급 3년 6개월, 5급 4년, 4급은 3년 이상이다.

나는 1년 7개월 만에 9급에서 8급으로 승진했다. 생애 첫 승진이었다. '승진이 이런 거구나' 하고 처음으로 느꼈다. 월급이 오르고 덩달아 의욕도 올랐다.

승진 예정자가 뜬 날, 동기들과 메신저로 축하 인사를 주고받았다. 일반행정직 동기들은 승진이 안 되기도 했다. 워낙 인원이 많다보니 등수대로 승진 여부가 갈렸다.

8급에서 7급으로 승진하는 데 2년 7개월이 걸렸다. 도전입을 하고 4개월 만에 7급에 승진했다. 이미 승진 최저연수는 지났기에 도로 전입하고 몇 개월 후 바로 승진할 수 있었다. 시 동기들의 경우 나보다 더 빨리 승진했다. 도로 전입한 시기가 10월이었는데 시 동기들은 10월에 바로 승진을 했다.

☑ 공무원 하면 역시 복지

부서별로 다르겠지만 보통 공무원은 연가 사용이 자유롭다. 업무에 지장이 없는 한 연가, 반가, 조퇴 등 결재를 올리고 사용한다. 2015년만 해도 연가 사용 시 사유를 작성해야 했다. 그러나 2020년부터는 사유 작성란이 없어졌다. 팀장님, 과장님께 결재를 올리기 전 연가를 사용한다고 말씀드리고 전자 결재를 올린다.

중소기업에 다닐 때에는 연가를 쓰기가 다소 어려웠다. 수기 결재를 하면서 개인 사정을 모두 말씀드려야 했다. 분위기가 그랬다. 급한 일이 아니라면 계획된 일을 미리 상사에게 말씀드려야 했다.

6년차는 연가가 20일이다. 공무원은 공문으로 여름휴가 사용(5일)을 장려한다. 팀원들이 날짜가 겹치지 않게 휴가 일정을 잡는다. 여름휴가는 최소 3일을 사용했고, 물론 휴가 시즌에 업무가 바쁘면 일정을 조정해서 사용했다.

주변 선배들을 보면 유연근무제, 특별휴가, 공가, 병가, 질병휴직, 출산휴가, 육아휴직, 모성보호시간 등 법적인 복지제도를 활용하고 있다. 일반 사기업보다는 확실히 복지제도가 잘 되어 있고 그만큼 잘 지켜지는 곳이다.

마지막으로 인재개발원의 다양한 교육을 마음껏 들을 수 있다. 인재개발원에는 집합교육, 모바일 교육, 전자책 등의 다양한 경로로 배울 수 있는 정보가 방대하다. 나는 주로 전자책, 오디오북을 매달 1권씩은 대여한다.

그 외에도 업무와 관련 있는 교육으로 보고서 작성 교육을 이틀 동안 듣기도 했다. 공무원이 되면 자기계발 관련 복지 혜택을 마음껏 누릴 수 있다.

새로운 도전의 시작,
도 전입 1등 합격

　시에서 근무한 지 4년. 중소기업에 근무할 때에도 5년 차에 퇴사한 것을 보면, 이맘때쯤이면 어느 정도 직장에 적응을 해서인지 매너리즘에 빠지는 것 같다. 인허가, 지도 점검, 민원 업무를 하면서 거의 매일 출장을 다녔다. 4년 넘게 일하다보니 새로움에 도전하고 싶다는 마음이 들었다.

　어느 날, 동기가 도 전입을 하자고 제안했다. 마침 3년 이상 재직 중인 8급이라는 자격 기준에 부합하기도 했다. 그렇지만 7급 승진을 앞두고 있던 터라 고민이 되었다. 시에서 7급으로 승진할 것인가, 도에 가서 7급이 될 것인가. 선택의 기로에 놓였다. '도는 시와 분위기가 다르다던데, 잘 적응하지 못하면 어떡하지', '5년차인데 새로운 업무를 맡아서 헤매면 어떡하지' 같은 고민들이 꼬리에 꼬리를 물었다. 도로 전입한 선배들에게 조언을 많이 구했다.

인사과에 원서 접수하는 당일까지도 고민이 되었다. 고민 끝에 일단 시험은 보자고 마음먹었다. 새로운 기회였고, 결과가 나오면 그때 생각하자 싶었다.

오랜만의 시험이라 공부가 어색했다. 2주간 도서관에 다니며 1차 필기시험을 준비했다. 도 전입 시험은 난이도가 그렇게 높지 않았지만 일하면서 준비해야 했기에 요약집과 기출문제 암기가 관건이었다. 평일에는 퇴근 후 2일 정도 공부하고, 주말에는 하루 5시간 이상을 공부했다. 집중해서 공부하려는데 자꾸만 딴짓이 하고 싶을 때에는 직장인 공시생 시절을 떠올리며 참고 공부했다.

도 전입 시험 덕분에 처음으로 논술 시험을 봤다. 쉽지 않았다. 논술 개념을 익힌 후에 주제에 대해서 서론, 본론,

결론을 나눠서 최대한 쉽게 쓰고 외웠다. 도 전입 인터넷 카페에 들어가서 합격수기를 보면서 주제, 논술 쓰는 법 등을 보고 배운 그대로 연습했다.

공부할 때면 '이런 기회가 또 언제 오겠어?'라는 생각으로 임한다. 그러면 비록 지금 이 순간이 힘들더라도 어떠한 결과를 이끌어낼 소중한 기회임에 감사하게 된다.

준비 기간이 짧아 순식간에 시험 당일이 되었다. 준비가 부족했는데 다행히 경쟁률이 높지 않아 필기시험에 합격했다.

1차 필기시험 합격 후 2차 인성 검사를 마치고, 마지막 3차는 면접이었다. 9급 공무원 공채 면접 이후 5년 만에 개별 면접을 다시 볼 줄이야.

도 전입 시험은 필기 성적순이 아니라 최종 면접 점수로 합격 여부가 결정된다. 말을 잘하는 편이 아닌 나는 도 전입을 도전할 때부터 걱정이 많이 되었다. 연습만이 살길이었다. 면접, 1분 자기소개를 검색해 콘텐츠들을 보며 연습했다. 내 생각을 정리하고 답하며 면접 준비를 하고 자신감이 조금씩 붙기 시작했다.

면접시험 1시간 전. 일찍 도착해 면접 장소를 확인하고, 떨리는 마음을 가다듬고 준비한 답변을 되새겼다. 긴장되는 멘탈을 붙잡는 것이 우선이었다. 30분 정도 속삭이듯 말하며 연습하니 떨림이 조금 가라앉았다.

면접 10분 전, 호흡을 깊이 내쉬었다. '연습한 대로만 하자. 잘할 수 있어. 있는 그대로 자신감 있게 대답하자' 마음속으로 외치고 또 외쳤다.

면접 시작. 15분 동안 5분 스피치를 할 주제에 대해 작성하고, 순서를 기다렸다. 다행히 필기시험 때 논술에서 나왔던 주제가 나왔다. 혹시 몰라 이슈화 되는 것들, 필기시험 때 나왔던 주제들을 연습했던 것이 빛을 발하는 순간이었다. 대기하면서 발표 내용을 떠올렸다. 중간중간 면접을 끝낸 지원자가 나갈 때마다 얼마나 부럽던지…….

드디어 내 차례가 되었다.

"안녕하십니까. 도 전입 지원자 김미소입니다."

준비한 5분 스피치를 시작했다. 100퍼센트 완벽한 답은 아니었지만 면접관들이 이해할 수 있도록 최선을 다해 답변했다. 이후 개별 면접에서는 예상 질문들이 나왔다. 지원 동기, 민원 갈등 시 어떻게 해결해야 하는지, 어떤 공무원이 되고 싶은지 등. 구체적인 사례를 들어 답하니 면접관분이 흡족한 표정을 지었고, 그때부터 조금은 마음을 놓고 면접을 끝낼 수 있었다.

면접이 끝나고 그날 하루는 먹고 놀았다. 몇 달 동안 내려놓을 수 없는 긴장감으로 시험에 임했는데, 합격한 것은 아니지만 오늘 하루는 그냥 즐기자는 마음이었다.

기대하지 않았는데 결과는 같은 직렬, 직급에서 면접 1등을 했다. 도 전입 후에 우연히 면접관이었던 팀장님을 만났다.

"면접 잘 봤어요. 1등이에요."

그때 내가 1등으로 합격했다는 사실을 알게 되었다. 생각해보니 공무원 발령은 유예하지 않는 이상 등수대로 배치된다. 처음으로 발령된 것을 보니 1등이 맞았다.

도 전입이라는 도전에 성공했으니 다시 새 마음 새 출발을 하게 되었다.

공무원의
자기계발

공무원이 되고 몇 년 동안은 공무원 세계에 적응하느라 여념이 없었다. 공무원은 보통 순환 보직이기 때문에 2년 내외로 업무가 바뀐다. 업무가 바뀔 때마다 적응하는 데 6개월이 걸렸다. 자주 하는 인허가, 지도 점검 업무는 1개월이면 터득했는데 민원 업무는 그때그때 사례가 다양해서 해결하는 데 쉽지 않았다.

4년차가 되고 연차가 쌓이면서 어느 정도 공무원 생활

에 적응했을 때쯤 새로운 도전을 하고 싶었다.

☑ 유튜브 채널 '공터뷰'를 시작하다

개인으로서, 그리고 공무원으로서 사회에 도움이 될 만한 일이 무엇일까 고민하던 중 공무원이 되고 싶어 하는 공시생들에게 도움을 줄 수 있겠다는 생각이 들었다. 그리고 SNS 활동을 좋아했기 때문에 주저 없이 유튜브를 시작했다.

과장님, 팀장님께서 흔쾌히 겸직을 허가해주신 덕분에 공무원 유튜버로 활동할 수 있게 되었고, 팀장님께서는 공무원으로서 조심해야 할 사항들을 조언해주셨다. 지금도 그 말씀을 새기며 본업에 충실하되 유튜버로서 책임감 있게 '공터뷰' 활동에 힘쓰고 있다. 채널을 운영하면서 공무원 시험에 대한 정보, 내가 공부하면서 겪었던 시행착오들과 합격으로 가는 지름길을 공유하고 싶다.

☑ 오늘을 바꾸는 독서를 하다

스물셋 이후로 10년 만에 다시 책을 많이 읽게 되었다. 1년에 30여 권을 독서했다. 공시생 시절 책을 읽으면서 공무원이라는 꿈을 간절히 소망하게 되었고, 이제는 책을 읽으면서 삶의 모습을 어떻게 가꾸어나가야 할지 고민하게 되었다. 특히 내 삶에 바로 적용하고 눈에 띄는 결과를 낼 수 있는 자기계발서, 실용서, 에세이 분야를 좋아한다.

독서가 좋다는 사실은 누구나 알고 있다. 그런데 왜 읽지 않을까. 책에서 알려주는 삶의 지혜를 적용하다보면 그것이 내게 맞는 삶의 지혜로 바뀌게 된다. 비판적인 시각도 필요하겠지만 좋다고 생각되는 것은 일단 받아들여 실행해보고 판단은 그 후에 해도 늦지 않다.

☑ 일찍 일어나는 사람이 월요병을 이긴다

"내가 평생을 새벽 일찍 일어나는 이유는 그날 할 일에 대한 기대와 흥분으로 설레기 때문이다. 나의 아침은 언제나 소학교 소풍날 아침이고, 밤에는 늘 숙면할 준비를 하고 잠자리에 든다. 날이 밝으면 즐겁고 힘차게 일하겠다는 생각에서다. 내가 행복을 느끼며 사는 이유는 세상을 희망차게 보기 때문이다."

현대그룹의 고 정주영 회장의 말이다. 나도 이런 아침을 맞이하고 싶었다.

평일 주 4회 4시 30분에 일어나고, 그 외의 날에는 5~7

시 사이에 일어났다. 일부러 손이 닿지 않는 거리에 핸드폰을 두고 잠에 들면 시끄러운 알람을 끄기 위해 침대에서 일어난다. 그 길로 곧장 화장실에 가서 씻은 뒤 플래너를 펼쳐 감사 일기 3가지를 쓴다. 그 뒤 명상의 시간을 가지고, 내게 확신의 말을 건넨다. '오늘도 잘될 거야.' 그리고 계획한 대로 오늘 하루가 술술 풀릴 거라고 상상한다.

처음에는 상상이 쉽지 않았는데 하다 보면 시각화가 잘 되었다. 그 후에 5분 정도 독서를 하고, 스트레칭이나 걷기를 한다. 이것이 내가 아침에 일어나 실천하는 6가지 루틴이다. 그 외에 집중이 필요한 일을 할 때에는 일어나서 씻고 바로 스터디카페에 간다.

공시생 때보다 더 바쁜 하루하루를 보내고 있는 요즘이다. 공시생 때는 오로지 시험 합격에만 집중했는데 공무원이 되니 해야 할 일, 생각해야 할 일들이 하나둘씩 늘어갔다. 꿈을 이루고 나면 끝일 줄 알았는데 오히려 새로운 시작이었다.

합격 수기를 미리 써보며 의지와 공부 계획을 다잡을 수 있습니다.

○ 합격 수기
 · **합격 직렬** 2015 지방직 환경직 9급
 · **공부 기간** 1년 6개월 (2014.01.01. ~ 2015.06. 필기시험)
 · **합격 점수** 평균 80점 + 가산점 5점

공통과목			전공(선택)과목	
국어	영어	한국사	환경공학	화학
90	70	80	80	80

○ 공부를 시작하게 된 계기
 중소기업 직장인에서 삶을 업그레이드하고 싶었습니다. 결혼, 임신, 출산
 후에도 경력 단절 없이 안정적인 직장생활과 복지를 꿈꾸며 공무원 시험
 에 도전하게 되었습니다.

○ 기본 베이스
 수능 5~6등급, 수도권 전문대 환경과 졸업, 수질환경산업기사·산업위생
 산업기사 자격증 취득
 국어·한국사·영어 노베이스(기출문제 풀면 3~50점대)

○ 공부 시간표

구분	요일	오전	오후	저녁
직장인 공시생 (주 40시간)	평일	04:30 ~ 06:00	12:30 ~ 13:00	20:00 ~ 22:00
	토요일	08:00 ~ 12:00	12:30 ~ 17:30	18:30 ~ 21:30
	일요일	08:00 ~ 12:00	13:00 ~ 17:00	
전업 공시생 (주 70시간)	평일	08:00 ~ 12:00	13:00 ~ 18:00	19:00 ~ 22:00
	토요일	09:00 ~ 12:00	13:00 ~ 18:00	19:00 ~ 21:00

○ 과목별 공부법

공통과목은 기출 비중 파악 후 빠르게 1회독한 뒤 약 10회독씩!

전공과목은 5회독씩!

과목	공부법
국어	문법은 기출, 문학은 시대별 작품을 암기했습니다. 비문학은 사설과 모의고사를 봤고, 한자와 사자성어는 기출만 암기했습니다.
영어	중등 실력도 안 돼 노베이스를 인정하고 완전 기초부터 익혔습니다. 기본 이론을 3회독하고, 다시 공무원 기초 이론 공부를 한 후에 기출문제, 모의고사를 풀었습니다.
한국사	적중률이 높은 강사님의 간결한 강의를 찾아 공부했습니다. 근현대사 이후로는 잘 외워지지 않아 버린 부분도 있습니다.
환경공학	전공이기에 할 만했습니다. 기본 강의와 기출문제 풀이 강의를 들으며 암기했습니다.
화학	심화, 계산 문제가 많아 어려웠습니다. 이론 강의로 개념을 이해하고 기출문제 풀이를 했습니다.

○ 나만의 합격 노하우

1년 동안 직장인 공시생을 했기 때문에 공부할 수 있는 시간이 귀했습니다. 그래서 새벽 4시 30분부터 6시까지 따로 시간을 만들어 공부했던 것이 합격 노하우였습니다.

순공 시간을 모두 체크해서 공부 계획표를 작성하고 실행했습니다. 계획대로 안 되는 날도 있었지만 구체적인 시간과 공부 양을 계획했기에 매주 80% 이상 달성할 수 있었습니다. 1년 공부 후 퇴사하고 6개월간 공부할 때에는 더 간절한 마음으로 꾸준히 패턴을 유지하며 공부했습니다. 또한 나와 비슷한 상황의 합격 수기를 찾아보고 내게 맞게 적용했던 것도 큰 도움이 되었습니다. 공시생들의 이야기보다는 합격자들의 이야기를 신뢰하며 따라 했습니다. 시행착오를 줄이는 최선의 방법이라고 생각합니다.

꿈꾸는 모습을 상상하며 나의 합격 수기를 미리 작성해보세요.

○ 합격 수기

· **합격 직렬**

· **공부 기간**

· **합격 점수**

공통과목			전공(선택)과목	
국어	영어	한국사		

○ 공부를 시작하게 된 계기

○ 기본 베이스

○ 공부 시간표

요일	오전	오후	저녁
평일			
토요일			
일요일			

○ 과목별 공부법

과목	공부법
국어	
영어	
한국사	

○ 나만의 합격 노하우

간절함과 꾸준함은
가장 강력한 무기다

우리는 모두 '합격'이라는 목적지를 가지고 공부한다. 그러나 방향은 같더라도 모두가 한날한시에 '합격'이라는 목적지에 도착하는 것은 아니다.

극소수 공시생의 단기 합격 스토리에 많은 공시생들은 부러워하며 동시에 조바심을 느낀다. 절대로 단기 합격이라는 타이틀에 매몰되지 않았으면 한다. 목적지는 같지만 출발점과 속도는 저마다 다르다는 사실을 받아들이고 나만의 속도로 흔들림 없이 공부해야 한다.

유명 강사들과 인터뷰를 진행하면서 어떤 유형의 학생들이 불합격하는지 물어봤다. 강사들은 이구동성으로 '어렴풋한 지식과 어설픈 자신감으로 대충 공부하는 공시생'을 꼽았다. 이런 학생들은 절대 합격할 수 없다며 입을 모아 답했다.

합격과 불합격을 나누는 가장 큰 요소는 '간절함'과 '꾸준함'이라고 생각한다. 반드시 합격하겠다는 간절함으로 힘든 공시생 생활을 계획하고 꾸준히 실천해야 한다. 간절함과 꾸준함은 당신을 합격이라는 목적지로 안내할 것이다.

목적지에 도달하지 못한 채 포기해야 하는 상황조차도 겸허히 받아들일 수 있을 만큼, 조금의 후회도 남지 않을 만큼 전력을 다하길 바란다.

절대 공무원이 인생의 전부는 아니다. 하지만 합격은 여러분에게 더 많은 기회와 인생의 커다란 변곡점이 되어 달콤한 성취감과 자존감을 맛보게 해줄 것이다. 합격은 우리의 꿈을 이룰 수 있게 하고, 그 꿈은 또다시 수많은 기회를 제공한다. 내가 상상도 하지 못했던 유튜브 채널을 운영하고, 존경하는 분들을 만나고, 책을 쓸 수 있는 기회가 생긴 것처럼 말이다.

　전문대를 졸업해 중소기업에 다녔던, 앞이 보이지 않던 노베이스 공시생의 수험 이야기를 담은 이 책이 나와 같이 인생의 변화를 원하는, 간절한 꿈이 있는 이들에게 작은 울림을 주고 힘이 될 수 있기를 소망한다.

　마지막으로 책을 집필하면서 많은 도움을 주신 북스고 출판사 관계자분들과 1,500명밖에 되지 않았던 무명의 유튜브 채널에 흔쾌히 출연해주시고, 오늘날 '공터뷰' 채널의 단초를 만들어주신 이윤규 변호사님, 새로운 도전을 할 수 있게 동기부여를 해주시는 '면접왕 이형'의 이준희 대표님께 감사드린다. 그리고 공터뷰 채널에 출연하여 공시생분들께 도움을 주신 모든 출연자분들과 공터뷰 구독자분들께 진심으로 감사의 말을 전하고 싶다. 나의 꿈을 응원해주고 도와주는 가족에게도 깊은 감사를 드린다.

노베이스
직장인 공시생

1년 6개월 만에
공무원 합격하다

펴낸날   초판 1쇄 2021년 5월 26일
         2쇄 2024년 10월 4일

지은이   김미소

펴낸이   강진수
편집팀   김은숙, 설윤경

인   쇄   (주)사피엔스컬처

펴낸곳   (주)북스고   **출판등록**   제2024-000055호 2024년 7월 17일
주   소   서울시 서대문구 서소문로 27, 2층 214호
전   화   (02) 6403-0042   **팩   스**   (02) 6499-1053

© 김미소, 2021

ISBN   979-11-89612-98-6   03190

책 출간을 원하시는 분은 이메일 booksgo@naver.com로 간단한 개요와 취지, 연락처 등을 보내주세요.
Booksgo는 건강하고 행복한 삶을 위한 가치 있는 콘텐츠를 만듭니다.